EL **PODER** DE LA
ORACIÓN
PERSISTENTE

Cómo orar con mayor

propósito y pasión

CINDY JACOBS

CASA
CREACIÓN

Para vivir la Palabra

T0188542

Para vivir la Palabra

MANTÉNGANSE ALERTA;
PERMANEZCAN FIRMES EN LA FE;
SEAN VALIENTES Y FUERTES.
—1 CORINTIOS 16:13 (NVI)

El poder de la oración persistente por Cindy Jacobs
Publicado por Casa Creación
Miami, Florida
www.casacreacion.com
©2013, 2020 por Casa Creación

Library of Congress Control Number: 2012952703
ISBN: 978-1-62136-131-2
E-book: 978-1-62136-138-1

Desarrollo editorial: *Grupo Nivel Uno, Inc.*
Diseño interior: *Grupo Nivel Uno, Inc.*

Publicado originalmente en inglés bajo el título:
The Power of Persistent Prayer
por Bethany House Publishers,
Minnesota USA 55438
© 2010 Cindy Jacobs
Derechos reservados

Visite la página web de la autora: www.generals.org

Impreso en Colombia

23 24 25 26 27 28 LBS 9 8 7 6 5 4 3 2

❧ Dedicatoria ❧

Dedico este libro con mucho amor a:

Lilli Janina Jacobs

(mi primera nieta)

∽ Reconocimientos ∾

*E*scribir un libro tiene sus propios retos e incluye momentos tanto de alegría como de desesperación. El proceso creativo raras veces incluye solo al autor, sino a muchos otros a quienes afecta este proceso. Por esta razón, los reconocimientos no solo muestran nuestra gratitud hacia otros que han hecho su parte, sino que de alguna manera es para aquellos que participan de la "comunión en el sufrimiento" durante toda la temporada que llamamos *escribir un libro*. Uno puede hasta reírse de algunas cosas después, como la mayoría de nosotros labramos nuestro camino al éxito (a excepción de autores geniales como Peter Wagner, quien nos hace avergonzar a todos). Nos encanta el resultado final, pero no nos gusta la presión que implica llevar nuestra inspiración al "papel".

En primer lugar, ¡gracias, Jesús, por ayudarme a terminar este libro en medio de un apretado programa de viajes!

En segundo lugar y solo precedido por Jesús, me gustaría agradecer profundamente a mi esposo, Mike. Me doy cuenta de que me ama profundamente y no le gusta compartirme con una computadora. Lo tolera porque también le gusta el resultado final, pero francamente le debo unas vacaciones en Maui. Gracias, Michael, mi amor durante treinta y siete años. Te lo voy a compensar en las blancas playas de Hawái, ¡lo prometo! Además, gracias al resto de la familia Jacobs.

También, Elizabeth Tiam-Fook, mi asistente, quien me dio horas extra después del trabajo para hacer legible lo que le estoy enviando a mi editor, Kyle Duncan. Elizabeth, te estoy sinceramente agradecida. Kyle, ¿qué puedo decir? Tú eres simplemente el mejor editor y amigo. No solo eso, sino que me has soportado a lo largo de cinco libros. ¡Ese es un ejemplo del poder de la oración persistente!

No podría olvidar al maravilloso personal de Generales Internacionales. Han orado por mí y me han apoyado a lo largo del proceso. Gracias también a mi pequeña hermana, Lucy Reithmiller, y Cheryl Sacks (dos de mis compañeras de oración de toda la vida); mi mamá, Eleanor Lindsay, y su esposo, Thomas; los compañeros de oración de GI; y mis pastores, Jim y Becky Hennesy.

❧ Contenido ❧

Introducción

Durante mis viajes por el mundo para dirigir reuniones e iniciativas de oración, no es inusual que alguien me pregunte con discreción: "Cindy, ¿cómo puedo ver que mis oraciones *realmente* sean respondidas? ¿Puedes contarme los secretos que Dios te ha mostrado a lo largo de los años como líder de oración?".

Con mucha frecuencia cuando me hacen esa pregunta, mi mente se remonta a los años cuando guiaba a otras personas en oración. Como podrá darse cuenta a medida que lea las páginas de este libro, no comencé con la aspiración de convertirme en una generala de intercesión, créame. Honestamente, quería ser una madre que se quedara en casa con sus hijos, pero Dios tenía otros planes. ¡Al principio no era una oficial dispuesta a orar! Verá, mi esposo Mike y yo no teníamos el interés de reclamar el título de *generales de intercesión.* Con toda franqueza, ese fue el nombre que se le dio a nuestro ministerio con el paso de los años, no tanto el que le dimos nosotros en el inicio, sino más bien con el que nos presentaban una y otra vez: generales de oración.

Por fin, con la insistencia de amigos como Kyle Duncan, quien editó este libro, he escrito estos "secretos de un general de oración" para que todos puedan leerlos. He seleccionado los temas para usted de una manera cuidadosa de modo que adquiera las claves que necesita para ver la respuesta a sus oraciones.

Estas claves para una oración respondida las he entresacado de mis tiempos de oración en lugares como Iraq, donde estuvimos en rocosas montañas pidiendo a Dios que cambiara el curso de la guerra. Escenas tan dramáticas como esa tienen un contraste en los tranquilos momentos de súplica en mi cuarto de oración, arrodillada, llorando por mis generaciones (la mía y la de los miembros de mi familia).

Me gustaría hacer un viaje junto a usted a lo largo de este libro. Medite en él durante su tiempo devocional cada mañana y enséñelo en sus grupos de oración. Comenzaremos con la pregunta más básica y que, no obstante, muchas veces no se hace: "¿Por qué necesitamos orar? Ya que hay un Dios amoroso que está presente en todos los lugares y que conoce nuestras necesidades, *¿por qué* necesitamos pedirle en oración?".

Para aquellos de ustedes que tienen más experiencia en la oración, esto puede parecer elemental, pero le aseguro que no podemos darnos el lujo de saltar pasos cuando exponemos a otros las razones para orar. Con frecuencia asumimos que las personas conocen muchas cosas cuando en realidad no es así y por ese motivo dejamos brechas enormes en su entendimiento de los propósitos de Dios. Es por eso que estamos empezando con la pregunta más básica: "¿Por qué orar?". No solo eso, sino que como yo, es mi deseo que descubra formas de profundizar su propia vida de oración, a pesar de que puede que haya sido un líder de oración durante décadas.

Mientras lea, quiero que se imagine que estamos sentados juntos, conversando mientras tomamos una taza de té o café. Quiero mostrarle mi corazón mediante este libro de una manera íntima y abrir una ventana para que vea épocas cuando luché para salir victoriosa orando persistentemente.

Una pregunta esencial que abordaremos en nuestra conversación es lo que yo llamo *un caso para orar persistentemente*. Tal vez ha orado por alguien hasta que simplemente se queda exhausto de hacer esa oración en particular. ¡No desista! La oración persistente funciona y verá llegar la respuesta. En muchas ocasiones la parte más tenaz de la batalla es justo antes de que la marea cambie. ¿Qué quiero decir con esto? Justo antes de una victoria, su esposo se vuelve más cascarrabias que nunca o parece que su hijo encontrara nuevas y originales formas para pecar y avergonzarla. Escribí el capítulo dos, "Un caso para orar persistentemente", para darle fortaleza y gracia mientras continúa batallando contra lo imposible en sus tiempos de oración.

¡Me encanta el capítulo sobre el ayuno! (Bueno, la mayor parte, el fruto de él, en todo caso). En realidad, mi carne odia estar sin comida (especialmente helado). Lea el capítulo y luego busque a un compañero a medida que se adentra en las profundidades de la oración con este poderoso "cohete de refuerzo" de la intercesión.

Mientras vuelvo a leer los capítulos que he escrito (¡Estoy terminando la Introducción de último!), sigo pensando: *¡Oh, eso es exactamente lo que quería compartir con usted, lector, o ese es el mejor secreto!*

Ya que también soy música y estoy totalmente convencida del beneficio de la alabanza en nuestras oraciones, tuve que incluir el capítulo "La alabanza persistente". Amigo (y por fe, futuro general de oración), ese capítulo tiene que leerlo obligatoriamente. ¡Le va a encantar!

Un libro sobre la oración no estaría completo, en mi opinión, sin un capítulo acerca de la oración intergeneracional. Mamás, ¡esto va a tocar sus corazones! Todos nosotros, ya sea que tengamos o no nuestros hijos biológicos, sabemos que necesitamos dejar un legado y que las generaciones venideras necesitan orar juntas.

Es probable que pueda darse cuenta de que el último capítulo, "La intercesión del Reino", es un mensaje que está anclado muy profundamente en mi corazón en la actualidad. Quiero ver las naciones de la tierra cambiadas a través de ¡la oración persistente para que *venga su Reino; se haga su voluntad en la tierra como en el cielo!*

¿Listo para aprender los secretos y las claves que yo he aprendido a través de la Palabra de Dios y de otras personas para que sus oraciones reciban respuesta? Empecemos el viaje.

⮞ Capítulo uno ⮜

¿Por qué orar?

*U*n día de 1989 estaba sentada en el comedor de nuestra casa en Weatherford, Texas, escribiendo mi primer libro, *Conquistemos las puertas del enemigo*. Tenía papeles por toda la mesa y estaba absorta en mis pensamientos cuando de repente sentí una manita que se alzó para alarme la blusa.

"Mami, mami", dijo con voz insistente mi pequeño hijo de ocho años, Daniel. "Necesito que vengas conmigo ahora mismo". En ese momento hice lo que hacen la mayoría de las madres ocupadas: tratar de cambiarle la idea. "Ahora no, Daniel, ¡estoy trabajando!". Los proyectos de los adultos siempre parecen tener mucho más peso y ser más importantes que los de los niños de ocho años, ¿cierto? Por supuesto, Daniel sabía de antemano que a veces necesitaba insistir un poco cuando yo estaba inmersa en un libro o en alguna otra tarea "crítica" de las mamás como lo es la cocina. De modo que hizo lo que hacen los niños pequeños: alzó el volumen de la voz e incrementó el fervor de su ruego.

"Mamá, ¡tienes que venir ahora!". Ante la idea de una situación caótica como podría ser que nuestro gran gato calicó se hubiera subido a un árbol, perseguido por un perro, o que todos los jerbos estuvieran sueltos correteando en busca de grietas donde esconderse para aumentar su población, me levanté de la silla del comedor y salí afuera. Aprovechando la oportunidad, Daniel me tomó de la mano y me llevó al objeto de su urgente necesidad: nuestro pequeño trampolín cubierto por un mantel (al menos, eso me pareció). Confundida, miré a Daniel con aquella mirada de "mejor que sea algo importante" que nos hace famosas a las madres. Entonces me pidió que me arrodillara. De repente la atmósfera alrededor de aquel pequeño objeto redondo cambió.

Sentí un escalofrío santo en mi alma cuando escuché a aquel que era objeto de mis afectos de madre decirme: "Mamá, ¡este es mi altar y tenemos que orar!".

Un torrente de oración salió de la boca de aquel pequeño niño. Rogó a Dios por sus amigos, por nuestra familia y por otros asuntos que tenía en su corazón. ¡Me sentí impactada por el hecho de que una persona tan pequeña pudiera decir una oración del tamaño de Dios! Luego, mientras yo estaba absorta en el esplendor del momento, me miró como si me estuviera viendo por primera vez desde que me pidió que me arrodillara y me dijo: "Mamá, puedes irte ahora. Necesito estar a solas con Dios".

En aquel instante me di cuenta de que algo profundo acababa de suceder. Daniel había tocado a Dios de tal manera que yo ciertamente era una intrusa en la tribulación de un alma que rogaba como ruega un hijo a su Padre celestial. Muy despacio, me alejé.

Más tarde Daniel volvió otra vez a ser como siempre, mientras lo separaba de una pelea con su hermana de diez años, Mary. Creo que estaban discutiendo acerca de a quién le tocaba el turno de escoger el siguiente programa de televisión que iban a ver. No obstante, yo recordaría para siempre aquel momento, arrodillada en aquel pequeño altar en la presencia de Dios y de la intercesión de mi hijo. A través de su *insistencia* para que fuera su compañera de oración ese día, Daniel me enseñó algo *acerca de la persistencia* en mi búsqueda personal de Dios.

¿Por qué necesitamos orar?

Mientras leía esa historia puede que haya pensado: *¿Por qué Dios necesitaría que un niño tan pequeño orar así? ¿Acaso no puede*

Dios arreglar el mundo sin que un niño de siete años, o cualquier otra persona, en todo caso, interceda con insistencia y persistencia?

Dicho de otra forma, una de las preguntas que a menudo me hacen es: "Ya que Dios tiene todo el poder y la autoridad, ¿por qué necesitamos orar? ¿Acaso no conoce Él lo que necesitamos antes de que se lo pidamos?" Después de todo, Mateo 6:8 dice: "Vuestro Padre sabe de qué cosas tenéis necesidad, antes que vosotros le pidáis".

Esta es una pregunta fundamental. Puede que aquellos de nosotros a quienes nos han enseñado la importancia de la oración a lo largo de nuestra vida, cuestionemos el atrevimiento de una persona que haga tal pregunta. *¿Por qué orar? ¿Por qué simplemente no dejamos nuestras vidas en las manos de un Creador sabio que todo lo sabe y no interferimos en lo absoluto?*

De hecho, la oración es a veces un hermoso e incomprensible intercambio. Si nunca antes ha escuchado acerca de la oración, ¿qué pensaría si alguien le dijera que la oración es caminar y hablar con alguien a quien no puede ver y esperar que esa persona lo escuche y se interese en el asunto? ¿Un poco raro, cierto? Pero Dios no solo nos escucha y se interesa en nosotros, ¡Él nos responderá!

Este intercambio divino al que llamamos oración es maravilloso y la mayoría de las personas que se enrolan en la oración creen que Dios ciertamente las está escuchando. A primera vista parece misterioso, sin embargo, para aquellos que tienen fe es tan natural como respirar y, a la vez, supremamente sobrenatural.

¿Alguna vez ha sentido cuando ha orado como si no hubiera nadie escuchando al otro lado? Tal vez incluso llegó a la conclusión de que si hay un Dios que lo está escuchando, por alguna razón desconocida, Él no está interesado en darle una respuesta. Si ese es el caso, ¿por qué continuar orando? Continúe leyendo, mi estimado amigo y exploraremos esta pregunta de vital importancia.

Recuerdo una ocasión, cuando era niña, en la que una amiga se enojó al yo intentar ordenarle lo que debía hacer (Ya ve, incluso desde niña era como una pequeña general). Tenía ideas definidas acerca del juego que debíamos jugar, quién se pararía en cada lugar mientras jugábamos y *siempre* debía ser yo la líder. Nunca olvidaré el día cuando mi amiga, cansada de que yo quisiera mandar en su vida y de que siempre quisiera estar a cargo, se paró frente a mí y me dijo: "¿Quién murió y te hizo Dios?". Lo que quiso decir, por supuesto, fue que debía ceder y permitir que alguien más tomara las decisiones durante algún tiempo acerca de cómo debía ser nuestro pequeño mundo.

Por supuesto, no somos Dios, ¡ni nadie que esté mentalmente sano quiere su trabajo! Dios ha ordenado que su mundo funcione a través de la oración de fe y nos ha escogido a nosotros para que compartamos con Él en una interacción divina llamada oración.

Como sus hijos, somos sus mayordomos en la tierra, escogidos por su divinidad. Orar, caminar y hablar con nuestro Padre, es esencial en la vida cristiana porque nos recuerda la razón principal por la cual Dios nos creó. Él desea que regresemos a aquello para lo cual nos creó, que recorramos el camino de vuelta al jardín.

Me encantan los jardines y el Edén tuvo que haber sido un lugar espectacular. El Edén fue el primer comando en la tierra. Era desde aquel lugar de belleza y relaciones que Adán y Eva debían cumplir su misión de "fructificarse y multiplicarse; llenar la tierra y sojuzgarla; señorear en los peces del mar, en las aves de los cielos, y en todas las bestias que se mueven sobre la tierra". (Génesis 1:28).

El comentario de este pasaje en la Biblia *Spirit-Filled Life Bible* dice: "Dios creó al hombre para que fuera el agente de su reino, para que liderara y sometiera al resto de la creación, incluyendo las agresivas fuerzas satánicas, que muy pronto se dejarían sentir".[1] Esto me conduce a este punto crítico: *Sin caminar y hablar con Dios en oración, nunca llenaremos nuestro diseño original y la tierra no podrá tener orden ni fruto.*

Dios puso a Adán y a Eva en el Edén, un lugar de magnífico esplendor, los deleitó con mascotas y animales, desde aves hasta boas constrictoras y babuinos, y les permitió caminar y hablar con Él. ¡Eso suena bien! Sin embargo, ellos pecaron y perdieron la relación personal, cara a cara, con su Hacedor. No obstante, Dios nunca abolió su mandato original que expresaba que nosotros seríamos los administradores de su tierra.

La oración cambia el caos en orden, produce paz en medio de la confusión y la destrucción y trae alegría en medio del dolor. Toma aquello con lo que Satanás pretendía dañarnos y lo convierte en algo bueno. La oración, y la relación que surge entre nosotros y Dios por medio de ella, es la esencia de quiénes somos como creyentes. Nuestra vida sin Dios no tiene significado, poder ni propósito. Ni tampoco la vida de las personas de las naciones de la tierra.

Como creyente, ¿puede concebir uno o más días de su vida sin una conversación con Dios? Ni siquiera un "Dios, ¿por qué me pasó esto?" o "¡Oh Dios, sálvame!" cuando alguien se le atraviesa en el tráfico. La oración para el cristiano es tan natural como respirar. ¡Es una relación extraordinaria! Oramos (o hablamos con Dios) porque es parte del ADN que sella nuestra constitución genética. Bastante sencillo, fuimos creados para hablar con Dios.

Nuestro destino como su novia

Esto todavía no responde la pregunta de por qué. ¿Por qué Dios necesita que oremos para que se haga su voluntad? Paul E. Billheimer sugiere que nuestra vida está pasando un entrenamiento en el puesto de trabajo para entrar en nuestro destino como la novia de Cristo.

En su libro *Destinados para el trono,* Billheimer presenta un caso que ofrece una perspectiva eterna sobre nuestro rol de ayudar a traer orden a la tierra a través de la oración y la intercesión. Su premisa es esta: nuestra vida en la tierra no es solo para lidiar con el aquí y el ahora, sino para prepararnos para compartir el trono del universo con el Señor y Amante Divino como su esposa. Por tanto, hay que recibir entrenamiento, educación y preparación para el rol de reina. La Iglesia (que se convertirá en la Novia) tiene que aprender el arte de la guerra espiritual, venciendo las fuerzas del maligno en la preparación para asumir el trono después de la Cena Matrimonial del Cordero. Con el objetivo de capacitarla para que aprenda la técnica para salir victoriosa, Dios ordenó el programa infinitamente sabio de la oración de fe. No ordenó la oración primariamente como una forma de lograr que las cosas sucedieran. Es su manera de ofrecer a la Iglesia un entrenamiento "en el puesto de trabajo" para vencer las fuerzas que son hostiles a Dios. Este mundo es un laboratorio en el que aquellos destinados para el trono están aprendiendo en la práctica real cómo vencer a Satanás y sus principados. El aposento de oración es la arena donde surge el vencedor.[2]

Como afirma Billheimer, en nuestro rol como intercesores vemos que no solo estamos para guardar y proteger la tierra sino también para prepararnos para un brillante y glorioso futuro con nuestro novio celestial, Jesucristo.

¿Alguna vez se ha preguntado de qué hablaban Adán y Eva durante los momentos de comunión con Dios al aire del día? Yo solía pensar que simplemente estaban charlando. Usted sabe, diciendo cosas como: "Bueno, Dios, ¿cómo estuvo tu día?". Y Dios respondía: "Bueno, hoy tuvimos un tiempo maravilloso, donde todos los ángeles me adoraron y bailamos en el mar de cristal". (Por supuesto, ¡eso sería absolutamente glorioso!)

Sin embargo, a medida que he escudriñado la Palabra de Dios, hay un patrón establecido que creo que empezó en el jardín.

Este es el patrón: Dios estaba entrenando a Adán y Eva para que dirigieran y reinaran y vieran venir su Reino y su voluntad fuera hecha en la tierra como en el cielo, mientras caminaban y hablaban con Dios.

Es por eso que cuando Jesús les enseñó a sus discípulos a orar, los reunió a todos en un círculo y les dijo que oraran así: *"Padre, venga tu reino y hágase tu voluntad"*. Jesús caminó y habló con los discípulos así como Dios lo hizo al principio con Adán y Eva. Era un círculo con Dios. Tiene que haber sido absolutamente maravilloso para Él tener otra vez esta clase de comunión cara a cara con su creación. ¿Puede imaginárselo? ¡A Dios le encanta hablar con nosotros!

Mi esposo Mike y yo tenemos dos hijos. Quizás algunos de ustedes también tienen hijos. A pesar de que mis hijos ya son adultos, me encanta hablar con ellos. Durante todo el día o durante los momentos que podemos compartir, pienso en las cosas que voy a decirles. También me encanta conversar con nuestros cuatro nietos. Una y otra vez ensayo en mi mente lo que voy a compartir con ellos, ya sea en persona o por teléfono.

Por ejemplo, el otro día, Zion, que tiene tres años, le dijo a su mamá: "Mami, cuando dijiste eso, hiciste que mis ojos lloraran". Oh Dios, ¡eso me encanta!

¡Dios también disfruta las cosas que le decimos! Nos ama y le encantan las cosas sobre las que conversamos en oración, las canciones que cantamos; se alegra con las cosas dulces que le decimos cada día. Orar es hablar con Dios. Es una relación; nuestra conversación con Dios lo hace feliz.

También converso con mis nietos con el objetivo de instruirlos. Mis tres nietos me cuentan acerca de los niños que son bravucones o de las niñas que los persiguen para besarlos en la mejilla. Por supuesto, al ser una abuela sabia y amorosa, siempre digo: "Algún día Dios va a traer a alguien que te ame, alguien a quien puedas besar".

Cada uno de mis nietos es único y especial, como lo son mis dos hijos. Zion es un pequeño general como yo y como su mamá. El otro día le dijo: "Mami, yo soy el jefe". Ella le contestó: "No, Zion, la jefa soy yo". Luego él tomó sus mejillas con sus manos, la miró directo a los ojos y se dio por vencido cuando dijo: "Mami, *nosotros somos* los jefes". ¡Oh, eso suena familiar! Zion tiene un don para liderar y dirigir y un día Dios lo usará de una manera especial para ver que su reino venga y se haga su voluntad en la tierra como en el cielo.

A Malaquías le encanta hacer dinero y Caden es muy amoroso y sensible. Camino y hablo con cada uno de ellos de una manera diferente de forma regular. La relación de Dios con nosotros es la misma: somos llamados a gobernar con Él en diferentes áreas y en condiciones diferentes. Las cosas sobre las que una persona hable con Dios pueden ser ligeramente diferentes a las que otro diga y hay momentos en que todos oraremos juntos por las necesidades de otros.

Además de la familia, Dios me ha dado amigos que atesoro y amo. Disfruto la bendición de tener lo que yo llamo mis "amigos del corazón". Les cuento a ellos las cosas más profundas que estoy sintiendo, considerando o soñando. Además de los amigos terrenales, Dios es mi mejor amigo del corazón. Soy muy, muy honesta con Él durante nuestras conversaciones.

Dios creó la tierra con la necesidad de la oración dentro de la ecuación. Ya tenía a los ángeles y a todo el cielo, pero deseaba la comunión con nosotros.

Cada día, Dios piensa en usted y se emociona cuando despierta porque desea verlo crecer, ejercer sus dones y aprender a ser un intercesor que ora para que las vidas y las situaciones alrededor suyo cambien. Confía en que nosotros haremos las oraciones necesarias para ver su voluntad cumplida en la tierra: traer esperanza al que no la tiene, justicia en vez de injusticia y bendiciones en vez de pobreza. Dios quiere que cuidemos esta tierra. También mira a la que será su novia con un afecto vehemente, a medida que aprendemos a ser una compañera digna de Él. Es por eso que ha colocado tantos recordatorios en su Palabra acerca de la oración. Por ejemplo:

> Busqué entre ellos hombre que hiciese vallado y que se pusiese en la brecha delante de mí, a favor de la tierra, para que yo no la destruyese; y no lo hallé.
>
> EZEQUIEL 22:30

En su excelente libro *La oración intercesora,* Dutch Sheets afirma acerca de este pasaje:

> El pasaje claramente está diciendo: "Si bien mi justicia demandaba juicio, mi amor quería perdón. Si hubiera encontrado un ser humano que me pidiera que perdonara a estas personas, yo lo habría hecho. Esto me habría permitido mostrar misericordia. Sin embargo, debido a que no encontré ninguno, tuve que destruirlas". No me gustan las implicaciones de este pasaje como sé que a usted tampoco le gustan. No quiero la responsabilidad. No quiero considerar las implicaciones de un Dios que, de alguna manera, se ha limitado a sí mismo a nosotros los humanos. Pero a la luz de este y de otros pasajes, así como a la luz de la condición del mundo, no puedo llegar a otra conclusión.[3]

Siempre he dicho que el periódico es el boletín de calificaciones del cristiano. Cuando veo secciones que describen una baja en la tasa de delincuencia, el cierre de clínicas de abortos, inundaciones evitadas y lluvias del cielo que llenan lagos secos y sedientos, siempre pienso: "Estoy segura de que alguien oró". La oración trae la bendición de Dios y la falta de ella hace que la tierra sufra y que las personas se destruyan. Sin la oración, los poderes del maligno reinan y gobiernan. Necesitamos orar para evitar que Satanás y sus súbditos hundan nuestras vidas y la de nuestra nación.

Cada día al levantarse, abra sus ojos a su amado Redentor, quien desea hablar con usted sobre su vida y sobre el día que le espera y desea asignarle tareas según su voluntad. Él desea que su voluntad se libere en la tierra a través de usted. Sus oraciones fieles, persistentes y diarias tienen el potencial de cambiar la faz de la tierra, lo crea o no.

Dicho de manera simple, Dios desea cumplir su voluntad y está esperando que nosotros le preguntemos qué papel quiere que juguemos. Preguntar es bíblico. ¿Por qué? Porque Dios nos lo ha dicho. Puede que usted diga: "No quiero preguntar. Solo quiero que Él me dé lo que necesito sin pedirlo". ¿Se acuerda del comentario de mi amiga de la infancia: "¿Quién murió y te hizo Dios?"? Yo no soy Dios y no pongo las reglas. El punto es este: Dios dice que pidamos y Dios es Dios y nosotros no.

Mientras mis hijos crecían, se cansaban de escucharme hablar acerca de obedecer la autoridad. Una y otra vez les decía: "Cuando alguien que tiene autoridad sobre ti te dice que saltes, tu respuesta tiene que ser: '¿Cuán alto?'". De hecho, apenas comenzaba a darles mi "discurso de autoridad" me miraban con aquella mirada y con una ceja levantada me decían: "Ya lo sabemos, mamá, cuando la maestra dice que saltemos, respondemos: '¿Cuán alto?'". Creo que algunas veces sí me escucharon.

Uno de mis pasajes favoritos de la Biblia sobre este tema se encuentra en Lucas 11, justo después que Jesús les enseñó a los discípulos cómo orar. Este es un profundo pasaje acerca de la oración persistente y de hacer peticiones (o pedir). Aquí es donde se usa específicamente la palabra *pedir*:

Pedid, y se os dará;
buscad, y hallaréis;
llamad, y se os abrirá.

Lucas 11:9

Ustedes, los que son padres, si sus hijos les piden un pescado, ¿les dan una serpiente en su lugar? O si les piden un huevo, ¿les dan un escorpión? ¡Claro que no! Así que si ustedes, gente pecadora, saben dar buenos regalos a sus hijos, cuánto más su Padre celestial dará el Espíritu Santo a quienes lo pidan».

Lucas 11:11-13, ntv

La belleza de pedir

Pedir. ¡Qué palabra tan poderosa! El diccionario Strong lista varias formas en las que se traduce esta palabra en las Escrituras: "rogar, llamar, anhelar, desear, requerir".[4]

A veces cuando le pido a Dios algo para *mi* familia, hay una unción tan profunda en la oración que todo lo que puedo hacer es gemir: "Oh Dios, protégelos. Dales sabiduría". Me siento feliz de que Dios pueda traducir mi llanto más profundo y mis gemidos como *pedir.* La Biblia dice en Romanos 8:26:

Y de igual manera el Espíritu nos ayuda en nuestra debilidad; pues qué hemos de pedir como conviene, no lo sabemos, pero el Espíritu mismo intercede por nosotros con gemidos indecibles.

Anhelo que el destino de mi familia se cumpla, así como el de mi iglesia, mi ciudad y mi nación.

Pablo también tenía este anhelo para su pueblo, los judíos:

> Con Cristo de testigo hablo con toda veracidad. Mi conciencia y el Espíritu Santo lo confirman. Tengo el corazón lleno de amarga tristeza e infinito dolor por mi pueblo, mis hermanos judíos. Yo estaría dispuesto a vivir bajo maldición para siempre —¡separado de Cristo!— si eso pudiera salvarlos. Ellos son el pueblo de Israel, elegidos para ser los hijos adoptivos de Dios. Él les reveló su gloria, hizo pactos con ellos y les entregó su ley. Les dio el privilegio de adorarlo y de recibir sus promesas maravillosas. Abraham, Isaac y Jacob son los antepasados de los israelitas, y Cristo mismo era israelita en cuanto a su naturaleza humana. Y él es Dios, el que reina sobre todas las cosas, ¡y es digno de eterna alabanza! Amén.
>
> ROMANOS 9:1-5 NTV

Muchas veces he tenido conversaciones con intercesores que sienten ese profundo gemir por el pueblo judío en la actualidad. De hecho, entré en este tipo de profunda intercesión y lamento por el pueblo judío durante una visita a Israel hace algunos años.

Sucedió la noche antes de que nos fuéramos de regreso a Estados Unidos. Mike y yo habíamos empacado y, como casi siempre sucede cuando nos vamos de Israel, teníamos solo una hora más o menos para descansar antes de irnos al aeropuerto a las dos de la mañana. Cuando me acosté, me puse a pensar en nuestro viaje y vi los rostros de los israelitas, algunos que había conocido y otros que simplemente había visto entre la multitud. Entonces comenzaron a resonar en mi mente las historias que había escuchado acerca de cómo el pecado prolifera en las calles de Tel Aviv, una ciudad moderna con una cultura de vida nocturna floreciente.

Nuestro hotel estaba cerca de la antigua ciudad de Jope. Habíamos estado en el mismo sitio en el que Jonás huyó de Dios y se fue a Tarsis en vez de enfrentar su destino e ir a Nínive para decirle a la gente que se arrepintiera. (¡Me puedo identificar con el dilema de Jonás, ya que Dios me ha llamado a orar para que las naciones se arrepientan!) A una corta distancia de ese sitio histórico se encuentra la ciudad cosmopolita de Tel Aviv, con las tiendas de última moda, los clubes y los bares. Cuando escribo este libro hay muy pocos creyentes mesiánicos en la ciudad, a pesar del diligente trabajo de amigos como An y Shira Sorko Ram.

Mientras descansaba y la hora de ir para el aeropuerto se aproximaba, mis pensamientos se centraron en la línea de buses de turismo que llenan las calles de la antigua ciudad a medida que personas de todo el mundo inundan Israel para caminar por los lugares donde caminó Jesús. Quién sabe cuántos miles y miles han caminado por los empolvados adoquines de la vieja Jerusalén, tal vez decenas de millones.

De repente, un profundo llanto gutural salió de mi interior: "¡Oh Dios, hemos fallado!". ¡¿Cómo es posible que tantos grupos de creyentes cristianos de todo el mundo inunden esta Tierra Santa (literalmente) y tengan tan poco (al parecer) impacto en la vida espiritual de la nación y la región?! En ese momento, las lágrimas me rodaban por las mejillas. Muy en lo profundo, sabía que a pesar de toda nuestra intercesión por la tierra de Israel, por el gobierno y por los judíos en todo el mundo, habíamos fallado grandemente en alcanzarlos para el Mesías.

Tal vez aquella noche experimenté un poco la intercesión de Pablo por su pueblo. Mientras permanecía allí durante aquellas horas de angustia en la madrugada, le pedí a Dios por sus almas y por más obreros para enviar a los campos de la cosecha. También he experimentado esa clase de llanto y de intercesión cuando estuve en Kuwait y en el Oriente Medio por el pueblo árabe.

Este mismo sentir me inundó en Iraq. Hablaré más sobre eso en el capítulo 10, "La intercesión del Reino".

Hay muchos pasajes en la Biblia que se refieren al tema de "pedir". A continuación listo solo algunos:

1. Pedid a Jehová lluvia. (Zacarías 10:1)
2. Pedid en mi nombre. (Juan 14:14)
3. Pedid sabiduría. (Santiago 1:5)
4. Pedid el Espíritu Santo. (Lucas 11:13)

Dios quiere que le *pidamos a Él* que haga las cosas que permitan ver su voluntad hecha en cada parte de la creación y en cada parte de nuestras vidas diarias. A veces resulta difícil pedir cuando estamos luchando con nuestras propias dudas, circunstancias personales, o con la aparente imposibilidad de una situación. Pedir no siempre es fácil, pero es la esencia de la oración persistente.

Muchos han citado oportunamente la famosa declaración de Juan Wesley acerca de este tema: *"Dios no hace nada en la tierra, sino en respuesta a la oración de sus hijos"*.

¡Quiero desafiarlo para que ore a medida que lee este libro! No permita que Satanás le diga que sus oraciones son insignificantes, que no son adecuadas, o alguna otra mentira. Comience a pedir y a creer que sus oraciones sí marcan la diferencia. ¡Todas y cada una de las oraciones son importantes!

De esto es de lo que se trata este libro: pedir en oración y no desistir, el poder de la oración persistente. Pedir y creer hasta ver las respuestas.

Si en este momento las circunstancias que lo rodean le hacen pensar que las oraciones no funcionan o que usted es débil y no tiene poder para cambiar el estado de cosas, ¡sepa que no es así! Dios le dará las claves para descubrir misterios, a veces difíciles de entender, con el objetivo de que vea la respuesta a sus oraciones.

Alístese para aprender cómo abrir las puertas cerradas de las oraciones sin respuesta. La oración eficaz del justo puede mucho.

La NTV lo dice de esta forma:

> La oración ferviente de una persona justa tiene mucho poder y da resultados maravillosos.
>
> SANTIAGO 5:16

Capítulo dos

Un caso para orar persistentemente

Nos encanta escuchar testimonios que de alguna manera son el resultado de nuestra fidelidad en la oración, pero caminar en el terreno de los testimonios puede ser como una montaña rusa emocional. Vea el caso de Tim y Elisa Roberts. Escuché acerca de ellos por primera vez durante un servicio de la Iglesia Trinity en Cedar Hill, Texas, de la cual Mike y yo somos miembros. Para aquellos de ustedes que suelen llorar con facilidad, mejor tienen a mano un pañuelo.

Tim y Elisa son una pareja joven, muy enamorados, a quienes Dios les concedió el deseo de su corazón a través de la adopción de un apuesto y joven hijo, Matthew. La adopción significaba mucho para Elisa, ya que ella también era adoptada.

Otra oración que ambos habían hecho con insistencia era que Dios les diera un hijo biológico. Por supuesto, sabían que esto no disminuiría de ningún modo el milagro del hijo que habían escogido; más bien, añadiría otra dimensión a su alegría. Así que Tim y Elisa se dedicaron a orar. Y oraron bastante. Un año de intercesión se convirtió en dos, luego en tres, hasta que resultaron ser seis largos años de oración persistente: ¡2,190 horas de esperar en Dios!

Durante aquel tiempo, la oración de Ana que se encuentra en 1 Samuel 1:11 se convirtió en el gemido intenso de Elisa:

Oh Señor de los Ejércitos Celestiales,
si miras mi dolor y contestas mi oración,
y me das un hijo,
entonces te lo devolveré.
Él será tuyo durante toda su vida.

Tanto Tim como Elisa decidieron que cuando Dios les diera otro hijo, dedicarían el niño al Señor.

Finalmente, un día en la iglesia, un evangelista que estaba de visita oró por Tim y dijo palabras como estas: "Dios te va a dar tres hijos porque te va a dar lo que más deseas". El evangelista continuó con un comentario inusual: "No más perros".

¡¿Perros?! ¿Qué tiene que ver eso con los hijos? Simplemente esto:

Recientemente Tim le había comprado a Elisa otro perro para tratar de aliviar el dolor de anhelar otro hijo. Gracias a Dios por los perros, pero en aquel momento su Padre celestial estaba interesado en hacer un milagro en la joven pareja.

Por fin, su oración se convirtió en realidad en la forma de una pequeña bebé perfectamente formada. Cualquiera que mirara a aquella niña sabía que su nombre tenía que ser Bella porque era muy hermosa. La entrada triunfal de Bella en este mundo tuvo lugar el 29 de agosto de 2007.

La alegría de Tim y Elisa era indescriptible. ¡Luego de seis largos años, sostenían en sus brazos la respuesta a sus oraciones! Bella era perfecta.

Luego de dos meses de alegría, una noche arroparon a la pequeña Bella para dormir, solo que aquella noche no despertó en la tierra, en vez de esto, hizo un viaje al cielo. El reporte de la autopsia reveló que había muerto durante el sueño de una infección viral. Hay momentos en la vida cuando nos sentimos tentados a pensar que Dios no es justo y que las situaciones en nuestra vida pueden ser bastante caprichosas. Aquel podría ser uno de esos momentos. Para Elisa y Tim, el tiempo de angustia después de la muerte de Bella fue una profunda prueba de su confianza en el Padre amoroso.

Durante algún tiempo no escuché nada más acerca de la joven pareja. Por supuesto que eso no es inusual, ¡viajo tanto que me pregunto si mi iglesia me ofrecerá alguna vez una tarjeta de visitante!

Pero en la bondad maravillosa de Dios, luego de poco más de un año, estaba en el servicio de la iglesia un domingo cuando una joven pareja se paró delante de la congregación con un bebé en los brazos. Parecía que iban a dar un testimonio.

Cuando empezaron a hablar, me di cuenta con asombro de que eran los mismos Tim y Elisa que habían orado con tanta insistencia por un hijo, solo para ver morir a la pequeña Bella luego de apenas dos meses.

Compartieron algo acerca de la vida después que Bella se había ido a su casa para estar con el Señor y de cómo Tim le había dicho a Elisa: "Me gustaría tener un pequeño varón que fuera una versión de Bella".

En ese momento, el orgulloso padre bajó la mirada para contemplar a su hijo, su tercer hijo, y mis ojos se llenaron de lágrimas. *Qué precioso,* pensé, *Dios ha sido tan fiel y les ha dado otro bebé.*

Espere, porque todavía yo no tenía idea de cuán fiel Dios había sido para con ellos. Dijeron el nombre del niño: Justice* Michael Roberts. (*justice quiere decir *justicia* en español)

"¿*Justicia?* Que nombre interesante", pensé. El testimonio continuó.

Tim y Elisa habían ido a un chequeo de rutina para ver cómo iba avanzando el embarazo, cuando el médico dijo que pensaba que debían dejarla internada y sacar al bebé ese día.

Aquella noche, 29 de noviembre de 2008, a las 6:02 p.m. exactamente, Justice hizo su entrada en este mundo, a quince meses exactamente del momento en que nació la pequeña Bella. Dios había cumplido la oración del evangelista acerca de que tendrían tres hijos, ¡y así fue, con tal exactitud cronológica! Ciertamente Justice había llegado a la familia Roberts. Y eso no es todo. Tim y Elisa han establecido una fundación llamada *Manantiales de Bella* en memoria de la pequeña bebé, basados en el pasaje del Salmo 84:6-7:

> Cuando pasa por el valle de las Lágrimas lo convierte en región de manantiales; también las lluvias tempranas cubren de bendiciones el valle. Según avanzan los peregrinos, cobran más fuerzas, y en Sión se presentan ante el Dios de dioses.

Ya han ayudado a niños pobres en Vietnam y Zimbabue con cosas como cirugías a corazón abierto. Bella ahora vive a través del latir del corazón de un niño en Vietnam y de los cuerpos tibios en África gracias a las cobijas que les han provisto.

No obstante, su historia no termina allí. La mañana cuando llamé a Tim y Elisa con el objetivo de entrevistarlos para este capítulo, Tim me respondió y me dijo que se estaban alistándose para asistir al funeral de su papá. El papá de Tim conoció al Señor un mes y medio antes de fallecer, después de haber orado por él durante ocho años. Levantaron fondos en memoria de su papá para la *Fundación Manantiales de Bella*.

Esto es lo que digo: *"Por la misericordia de Jehová no hemos sido consumidos, porque nunca decayeron sus misericordias. Nuevas son cada mañana; grande es tu fidelidad"* (véase Lamentaciones 3:22-23). Solo piense: El señor Roberts está en el cielo cargando a su pequeña nieta, Bella, y Justice ahora vive en la familia de su hijo. Ese es un pensamiento muy, muy dulce.

Tenacidad para alcanzar las promesas de Dios

¿Qué habría pasado si Tim y Elisa no hubieran sido persistentes en sus oraciones? Tenían una promesa de Dios, pero esa promesa era difícil de obtener. Es por eso que Jesús, el mejor narrador de historias, entrelazó historias tan profundas y descriptivas acerca de nunca desanimarnos cuando tenemos una petición que queremos que Dios responda. Jesús sabía que sus historias dejarían un halo de esperanza para que parejas como Tim y Elisa (y para que personas como nosotros) no nos desalentáramos ni perdiéramos la fe en su habilidad tanto de escuchar como de responder nuestras oraciones.

Solo puedo imaginarme cómo la multitud que siguió a Jesús tuvo que haberse sentido mientras Él compartía las parábolas que contó en algunos momentos especiales, en los lugares ideales. Puedo ver a sus discípulos y a aquellos que se reunían para escucharlo susurrando entre ellos mientras esperaban que comenzara, tratando de adivinar qué clase de parábola compartiría el rabí aquel día.

Ya que es mi deseo que usted comprenda la riqueza de la eficacia de Jesús con las palabras, necesitamos echar un vistazo a la cultura de aquella época. Resaltaré algunos aspectos culturales pertinentes mientras avanzamos.

Imagínese que estamos viviendo uno de aquellos días. La multitud se ha reunido. Jesús se está preparando para hablar. En este caso, la historia que ha seleccionado para contar se encuentra en Lucas 18:1-8. Pero antes de referirnos a la historia, he aquí el meollo del asunto: Nunca debemos dejar de orar ni de desear (ni debemos desanimarnos), seguros de que Dios va a responder. Es por eso que la historia de Justice Michael Roberts es importante para nosotros: es un ejemplo actual de un llanto intercesor que fluye con hermosura en la siguiente ilustración de la súplica de una mujer por la justicia en una época injusta:

> Jesús les contó a sus discípulos una parábola para mostrarles que debían orar siempre, sin desanimarse. Les dijo: «Había en cierto pueblo un juez que no tenía temor de Dios ni consideración de nadie. En el mismo pueblo había una viuda que insistía en pedirle: "Hágame usted justicia contra mi adversario." Durante algún tiempo él se negó, pero por fin concluyó: "Aunque no temo a Dios ni tengo consideración de nadie, como esta viuda no deja de molestarme, voy a tener que hacerle justicia, no sea que con sus visitas me haga la vida imposible."»
>
> Continuó el Señor: «Tengan en cuenta lo que dijo el juez injusto. ¿Acaso Dios no hará justicia a sus escogidos, que claman a él día y noche? ¿Se tardará mucho en responderles? Les digo que sí les hará justicia, y sin demora. No obstante, cuando venga el Hijo del hombre, ¿encontrará fe en la tierra?".
>
> LUCAS 18:1-8, NVI

Este relato de una viuda persistente es una ilustración de un escenario cultural desfavorable en aquella época en Jerusalén. Jesús compartió esta parábola para resaltar cómo Dios verdaderamente responde las oraciones imposibles. En primer lugar, la historia incluía un juez. Durante aquella época los jueces viajaban por el país y se sentaban en tiendas para juzgar los casos. A menudo eran parte de un sistema corrupto y solo tomaban un caso si se les pagaba un soborno. La corrupción legal y judicial era un gran problema en la época de Jesús, así como lo es en muchos países en la actualidad. He escuchado historias acerca de una nación latinoamericana en la que los jueces voltean las páginas del caso que están a punto de escuchar y deciden el veredicto en dependencia de cuánto dinero hay entre las páginas.

Y ahora el segundo punto importante: las mujeres en aquellos días no tenían los mismos recursos legales que los hombres. Simplemente no las escuchaban en la corte; no había justicia para ellas. De modo que aquí tenemos el caso de una mujer pobre sin esposo (una viuda) que viene ante un juez para suplicar por su caso.

Mientras reflexiona acerca de la parábola de una viuda persistente, tome nota de cómo Dios estaba haciendo mil cosas a la vez a medida que Jesús contaba la historia, poniendo muchas cosas de manera que fueran familiares a la cultura de la época. Para empezar, estaba elevando la condición de la mujer al usar una ilustración de una de ellas. Y no simplemente cualquier mujer, sino una viuda, una mujer sin un hombre en una cultura donde los hombres eran la clave para el estatus, la autoridad y la condición social de la persona. Además, a un nivel más profundo, Jesús está mostrando su amor por los pobres y desahuciados, está buscando una oportunidad para derramar su corazón misericordioso y cuidar de los oprimidos.

Esta es la síntesis del pasaje (Lucas 18:1-8):

> Ninguno de ustedes es demasiado pobre, o está demasiado solo, o sin recursos judiciales para recibir justicia en la corte del cielo. ¡Dios siempre es justo, siempre es bueno y está siempre listo para escuchar sus oraciones!

El poder de la desesperación

Me pregunto por qué la mujer fue tan persistente. Creo que era porque no tenía otro lugar adonde ir. Estaba absolutamente desesperada. Tal vez ese es su caso mientras está leyendo este capítulo. Por ejemplo, ¿se encuentra actualmente inmerso en un caso penal y rogando que se haga justicia?

En el capítulo "Orar la Palabra", voy a añadir algunas oraciones especiales para que usted las use en la intercesión.

Puede que también esté desesperado por obtener una respuesta divina acerca de un problema muy serio. La persistencia es la respuesta.

Cuando quiero una imagen mental de la persistencia, a menudo pienso cuándo mi nieto Malaquías tenía cuatro años. Él era y es un niño perfeccionista, como lo son mis otros nietos. (¡Dios no consideró la palabra *conformista* cuando hizo a mis nietos en los vientres de sus madres!) Si Malaquías a la edad de cuatro años quería que yo lo llevara al parque, comenzaría a trabajar desde el inicio de su visita con vistas a lograr su objetivo.

"Abuelita", me diría con aquella linda y tierna sonrisa, "¿no crees que es un buen día para ir al parque?" En ese momento yo miraba afuera y decía: *No, Malaquías, hay viento y estoy cansada y no tengo deseos de salir afuera.*

Sin embargo, mis nietos dominan a la perfección el arte de diseñar planes para motivar a una mujer de mi edad para que salga a caminar por el parque, los columpie a los tres, los espere cuando bajan de la canal una y otra vez, y haga otras diversas formas de esfuerzos físicos.

Son persistentes en sus peticiones por una serie de razones. Una es que a su edad no pueden ir solos al parque. Esto significa que necesitan que un adulto los lleve (es decir, usualmente yo). También están muy seguros de su necesidad presente de recibir la respuesta que desean.

En el caso de la viuda, ella deseaba justicia frente a un adversario; quería venganza. El juez, *a diferencia de* un abuelo complaciente, no tenía compasión.

El pasaje también describe cómo la mujer lo "molestaba". La palabra *molestaba* significa "agarrar o golpear a otro o causarle problemas".[1] ¡Otra forma de decirlo es que ella lo irritaba! (También me gusta esa palabra). De veras me encanta la siguiente parte de Lucas 18:5, porque dice que el juez injusto no quería que la mujer le "agotara la paciencia" (RVR 1960) o le "hiciera la vida imposible" (NVI). Si usted es como yo que me encanta buscar el significado de las palabras en griego, le gustará saber que la palabra *agotado* significa: "derribar de un golpe, poner el ojo morado".[2] El juez no quería que la viuda le pusiera un "ojo morado" (es decir, que dañara su reputación) en la comunidad. Me pregunto ¿cómo lo llevó a aquel lugar? Quizás cada vez que iba a la sinagoga, ella estaba allí. O quizás le caía atrás cuando pasaba apurado por el mercado el viernes por la tarde, antes de que el sol se pusiera y comenzara el sábado. O cuando estaba tratando de llegar hasta la tienda para poner la corte, se le agarraba de los tobillos con sus súplicas. Básicamente, le hizo justicia para librarse de ella. ¡Qué mujer! En los Estados Unidos tenemos una expresión informal que le quedaría muy bien: "¡Arriba, muchacha!".

El misterio de los tiempos de Dios

Esto me recuerda una historia que leí acerca de Roger Sims, un autoestopista que estaba yendo de regreso a casa luego de haber cumplido su servicio militar, todavía con el uniforme del ejército. Llevaba su maleta a cuestas hasta que por fin lo recogió un hombre que iba manejando un Cadillac negro. La fecha era 7 de mayo.

El hombre bien vestido y elegante le dijo cuando lo metió al carro: "¿A dónde se dirige?". Mientras avanzaban, el hombre se presentó como el Sr. Hanover, un hombre de unos cincuenta años de Chicago.

Roger, un cristiano, sentía insistentemente la necesidad de testificarle. Así lo hizo y, para su sorpresa, el hombre se interesó y oró para recibir a Jesucristo. Le dijo a Roger: "Esto es lo más grande que me ha pasado en la vida".

Cinco años más tarde, después de casarse y tener un hijo, Roger encontró la tarjeta del Sr. Hanover. Ya que tenía que viajar a Chicago, decidió buscar al hombre con el que había orado cinco años atrás.

Una vez en la ciudad, se dirigió a Hanover Enterprises y le dijeron que era imposible que viera al Sr. Hanover, pero que su esposa podía atenderlo. Mientras caminaba hacia Roger, la Sra. Hanover parecía confundida por el hecho de que aquel hombre quisiera ver a su esposo. La conversación que tuvo lugar dejó pasmado a Roger.

"¿Usted conoció a mi esposo?", preguntó la señora Hanover, queriendo saber más.

Roger le contó cómo aquel día mientras estaba pidiendo un aventón para regresar a casa luego de salir del servicio militar, su esposo lo había subido a su carro.

"¿Puede decirme exactamente cuándo fue eso?", preguntó ella.

"Sí, fue el siete de mayo, el día que me liberaron del ejército hace cinco años".

Tratando de mantener la compostura, la señora. Hanover preguntó si había sucedido algo que le había hecho regresar después de todos esos años para ver a su esposo.

Roger vaciló. "Bueno, sí, señora. Hanover. Yo le expliqué el evangelio a su esposo y él se arrimó a un lado de la carretera y le entregó su vida a Cristo. Me dijo que era lo más grande que le había sucedido en la vida".

La señora Hanover se cubrió el rostro con las manos y lloró. "Oré por la salvación de mi esposo durante años. Y creía que Dios lo salvaría", dijo con esfuerzo.

"¿Dónde está su esposo ahora, señora Hanover?", preguntó Roger.

"Está muerto". Otra vez lloró, mientras hacía un esfuerzo para hablar. "Aquel día tuvo un accidente, evidentemente después de que usted se había bajado del carro. Nunca llegó a casa. Pensaba que Dios no había cumplido su promesa". Hablando entre sollozos, añadió: "¡Dejé de vivir para Dios hace cinco años porque pensé que no había cumplido su promesa!".[3]

Hay épocas en nuestra vida cuando no conocemos el resultado directo de nuestras oraciones y el enemigo quiere que pensemos que Dios no nos escuchó o no se interesó en lo que le dijimos. Por supuesto, esto no es así, incluso si no vemos las respuestas de inmediato o el resultado que anticipamos. Si estaba sintiendo que Dios no se interesa por usted, puede que esté leyendo este libro para encontrar consuelo y saber que sí lo está viendo. Bueno, así es, y está trabajando activamente detrás de las cámaras para hacer lo que solo Él puede hacer por usted y por sus seres queridos.

Cuando oramos persistentemente, hay una medida de sufrimiento que viene con la espera. Es en las noches oscuras de intercesión cuando las fuerzas alrededor de nosotros parecen burlarse de nosotros con palabras como: "¡Dios no lo está escuchando!" o "¡A Dios no le interesa!" o "Nunca verá un cambio en la persona por la que está orando".

Esas temporadas, que algunos describen como "la noche oscura del alma", forjarán un gran testimonio si usted permanece persistente. El fruto que se produzca será testigo de la bondad de Dios si no se desanima y continúa avanzando hacia su meta en oración.

Considere los siguientes apuntes en el diario de un joven servidor de Cristo:

- Domingo en la mañana, *5 de mayo:* Prediqué en Santa Ana. Me pidieron que no regresara.

- Domingo en la noche: Prediqué en San Juan. Los diáconos dijeron: "¡Salga, quédese afuera!".
- Domingo en la mañana, 12 de mayo: Prediqué en San Judas. No puedo regresar allí tampoco.
- Domingo en la mañana, 19 de mayo: Prediqué en Santo alguien que no recuerdo. Los diáconos solicitaron una reunión especial y dijeron que no podía regresar.
- Domingo en la mañana, 26 de mayo: Prediqué en la calle. Me sacaron de la calle.
- Domingo en la mañana, 2 de junio: Prediqué a la salida del pueblo. Me sacaron de la carretera.
- Domingo en la noche, 2 de junio: Prediqué en un potrero. Vinieron cuatro mil.[4]

Estos son apuntes reales del diario de Juan Wesley, uno de los más grandes líderes de avivamiento que alguna vez haya predicado. Los diarios de Juan Wesley están llenos de esta clase de historias de persecución y bendición. Así como Wesley, habrá momentos en su vida cuando pareciera que nada de lo que hace cuenta para el Reino y que Dios no está escuchando. Tenga la seguridad, Dios siempre escucha. El final de la enseñanza del pasaje que aparece en Lucas 18 nos da una promesa absolutamente maravillosa:

> ¿Acaso no creen que Dios hará justicia a su pueblo escogido que clama a él día y noche? ¿Seguirá aplazando su respuesta?
>
> LUCAS 18:7 NTV

El versículo continúa diciendo, en esencia, que pronto les hará justicia. Mi traducción para esto es: *¡De repente!* A menudo me he dado cuenta de que Dios permanece en silencio durante mucho tiempo y parece que no está respondiendo y entonces, repentinamente, la respuesta viene. A menudo me río con mis amigos y digo: "Creo que Dios tiene dos velocidades: ¡la pausa y el rebobinado rápido!" O tal vez podría decir: ¡espere y de repente! Una cosa es cierta: Dios nunca llega ni temprano ni tarde. Quizás la parábola más famosa de Jesús fue cuando les dio a los discípulos la oración del Señor (Lucas 11:2-4). Considere la progresión de estos versículos (es decir, Lucas 11:2-4 y luego Lucas *11:5-8)*. En otras palabras, primero Jesús enseñó a sus discípulos a orar *Venga tu reino, hágase tu voluntad en la tierra como en el cielo,* y luego dijo una parábola acerca de orar persistentemente de modo que pudiéramos saber que el reino de Dios no vendría sin intercesión.

Lo que encuentro reconfortante es que en la Oración del Señor, Jesús nos dio una lista tangible de cosas por las cuales orar. Una de esas cosas son nuestras necesidades diarias.

En mi libro *The Reformation Manifesto (El manifiesto de la Reforma),* menciono que la necesidad real de la que se habla en este pasaje no es solo personal sino que puede extenderse a un nivel macro, por ejemplo, para ver la eliminación de la pobreza sistémica. *El pan nuestro de cada día dánoslo hoy* puede interpretarse en un sentido más amplio que el individual. El punto es que Dios tiene respuestas para los problemas tanto grandes como pequeños y que necesitamos buscarlo a Él para solucionarlos.

Una palabra antigua para persistencia es *importunidad.* Mi traducción de la palabra es *persistencia desvergonzada.* Cuando necesitamos algo de Dios, tenemos que sentir el deseo de acercarnos a Él hasta que veamos venir la respuesta.

El poder de permanecer en la brecha

Dick Eastman me contó un poderoso testimonio acerca del poder de la oración persistente mientras conversaba con él por teléfono hace unos días. Para aquellos de ustedes que no conocen a Dick, yo lo llamo el Apóstol de Oración de Dios. Es presidente de Every Home for Christ (Cada Casa para Cristo) (EHC), un ministerio de distribución de literatura que ha impactado a naciones enteras con el evangelio mediante la visitación casa a casa. EHC está siendo testigo de hasta 498,000 decisiones por Cristo desde sus diversas oficinas alrededor del mundo, ¡en un solo mes!

Dick Eastman vive en Colorado Springs, Colorado, y vive una vida de oración, a pesar de que pasa muy ocupado como director de EHC. Luego de mudarse del área de Los Ángeles, Dick y su esposa Dee compraron una casa que tenía una característica única: un espacio grande debajo de la escalera. En mi mente, este se ha convertido en un lugar sagrado en los anales de la historia de la oración, pero para Dick es simplemente la Brecha.

La mayoría de ustedes probablemente están familiarizados con Ezequiel 22:30:

> Busqué a alguien que pudiera reconstruir la muralla de
> justicia que resguarda al país. Busqué a alguien que se
> pusiera en la brecha de la muralla para que yo no tuviera
> que destruirlos, pero no encontré a nadie.

Cada día cuando está en casa, en algún momento, Dick va hacia su cámara de oración. Yo he visto esa pequeña habitación. Entre otras cosas, tiene allí un pequeño libro rojo. Allí están los escritos de Mao Tse Tung, el revolucionario comunista. Si usted examinara el libro, lo encontraría estropeado por las huellas de las manos de Dick. Cada día desde su viaje a Shanghái en 1978 lo ha levantado al Señor, suplicando por la salvación de las personas que viven en China.

"Dick," le pregunté, "cuéntame acerca de tu primera visita a Shanghái". Me encanta escuchar sus historias, en parte porque es muy bueno contando historias y en parte porque fortalece mi fe para orar aún más siempre que escucho una.

Con el tono de voz que suele usar cuando está recordando algo, comenzó: "En 1978 mi amigo Jack McAlister y yo fuimos a Shanghái por primera vez. En aquellos días, volamos a Singapur y luego seguimos en barco a Hong Kong, donde reservamos un pasaje en otro barco hacia Shanghái, China.

"Cuando llegamos al puerto, una de las cosas que noté fue que no habían edificios altos, solo grandes vallas de Mao Tse Tung. En ese momento, Dios puso en mí una pasión para interceder por el avivamiento en China. Fue en ese viaje que traje a casa el *Pequeño Libro Rojo* de Mao.

"Una vez en casa, puse el libro en la Brecha, y sentí que el Espíritu Santo me inspiró a orar por cada provincia de China cada día".

Y ciertamente, más de treinta años de oración persistente han visto grandes frutos. Cuando Dick fue por primera vez a China era solo un joven que acompañaba a Jack McAlister y ahora es el presidente de una asociación que está impactando toda Asia con el evangelio.

Si usted va hoy a Shanghái, verá una ciudad completamente diferente. Los edificios altos están por todas partes y es un lugar muy moderno. Otra cosa también ha cambiado: hay muchos, muchos creyentes que viven hoy allí así como en cada provincia que Dick ha cubierto con sus lágrimas y oraciones.

Hay épocas en las que pareciera que estamos solos en nuestras oraciones. Por supuesto, no es así, porque Dios nunca deja solamente sobre una persona la tarea de orar para ver que se haga su voluntad. Y, por supuesto, decenas de miles de cristianos (tal vez cientos de miles) han sido inspirados por el Espíritu Santo para orar por China con regularidad. No obstante, siempre animo a las personas a orar como si ellos fueran los únicos que están orando por un asunto determinado. Así como Dick East-man, necesitamos estar deseosos de interceder como si fuéramos los únicos que estuviéramos orando. Puede estar seguro de que Jesús comprende esos momentos cuando pareciera que estamos luchando con todos los demonios del infierno en nuestro trabajo como intercesores.

Considere cómo tuvo que haberse sentido el Señor justo la noche antes de que Judas lo traicionara. El pasaje que se encuentra en Mateo 26:36-46 es un estudio profundamente conmovedor de Jesús, el gran intercesor, batallando en soledad por la victoria. Cito a R. Arthur Matthews en mi libro *Conquistemos las puertas del enemigo* con respecto a Jesús en el jardín:

El Soldado de la Cruz había enseñado a sus discípulos acerca de la necesidad de orar "Hágase tu voluntad en la tierra como en el cielo". Aquí (en Getsemaní) Él es el actor principal. Es aquí que se prepara para soportar los dolores de parto de una guerra intensa de oración y ardientemente desea que Dios complete su obra a través de Él, independientemente de lo que le costará. Su espíritu atribulado se expresó en gemidos, abundantes sollozos y lágrimas. Se ha alistado para la batalla. La intensidad aumenta. Las legiones del cielo se acercan para ayudar, pero este no es su campo de batalla; es solo de Él. La lucha se vuelve cada vez más intensa. *"Y era su sudor como grandes gotas de sangre que caían hasta la tierra"* (Lucas 22:44). Aquí vemos la obra de Dios hecha a la *manera* de Dios. Dios la anhela en el cielo y un hombre la anhela en la tierra. El sacrificio del Calvario sucedió porque, en primer lugar, desde las profundidades de su alma en el oscuro Getsemaní, el Soldado de la Cruz deseó junto con Dios que sucediera.[5]

Hay momentos en que debemos ser persistentes en la oración a pesar de que cada fibra de nuestro ser quiera desistir. Jesús fue un ejemplo de esto. Puede que seamos llamados a ser persistentes, como en el caso de Dick Eastman, por una nación y por personas que no conocemos. Puede que sea nuestra familia por la que estamos luchando contra lo que pareciera ser todas las multitudes del infierno. Y hay días en que estaremos distraídos, cansados, enfermos, aburridos o incluso hartos de orar. Eso es normal; después de todo, somos simplemente humanos. Pero Dios tiene la victoria y solo quiere nuestro corazón y nuestra voluntad para orar. ¡Él hará el resto!

La buena noticia es que no estamos solos en la batalla. El Gran Guerrero, el Señor de los Ejércitos, está luchando con nosotros. Así que no permita que sus emociones colapsen bajo la presión de la batalla encarnizada. Dios le dará el valor para pelear la buena batalla de la fe con el propósito de ver su oración contestada.

¿Recuerda el antiguo proverbio "Siempre es más oscuro antes del amanecer"? Esto parece ser cierto en la batalla por las almas y por las naciones. Es justo antes de un gran logro y un triunfo rotundo que el enemigo despliega todo su peso para sacarlo de la batalla. ¡Sea persistente en la oración! ¡Continúe luchando y vencerá!

Capítulo tres

Orar en la voluntad de Dios

Cuando era pequeña creía que había encontrado la mejor forma de orar y me sabía las palabras prácticamente de memoria. Mis oraciones eran más o menos así: *Padre Dios, si es tu voluntad, por favor tráeme una nueva amiga. En el nombre de Jesús. Amén.*

Por supuesto, en aquella época solo teníamos la versión King James de la Biblia en inglés. Cada oración que hacía tenía una condición en ella que expresaba con un gran *si es tu voluntad.* Según mi forma de pensar, estaba dejando que Dios fuera Dios y tomara todas las decisiones. También era una cláusula que creo que añadía por si acaso Dios no respondía mi oración.

Lo que no entendía en aquel momento era que Dios ya me había dado su Palabra revelada, su respuesta, para muchas (o para la mayoría) de las oraciones a las que añadía aquel apéndice que sonaba tan religioso, *si es tu voluntad.*

Cuando reflexiono acerca de las oraciones de mi infancia, ahora entiendo que simplemente no entendía que la Biblia ofrece instrucciones claras sobre cómo orar en la voluntad de Dios. De hecho, una de las oraciones mejor conocidas de la Escritura nos ordena que oremos para que se haga su voluntad en la tierra: "Venga tu reino. Hágase tu voluntad, como en el cielo, así también en la tierra" (Mateo 6:10).

En esencia, estoy segura de que a Dios le encantaba escuchar mi voz en oración durante mis recitaciones de niña y es probable que mis oraciones hayan logrado alguna clase de cambios. Sin embargo, es probable que mis oraciones no hayan tenido una gran influencia para lograr que se hiciera la voluntad de Dios en la situación por la que estaba orando. No podía orar con fe para creer que Dios me traería una nueva amiga porque sentía que en realidad nunca podría conocer su voluntad para mi vida. En la Biblia hay muchas promesas acerca de la amistad pero simplemente no sabía cómo creerlas y aplicarlas a mi situación.

Alinear sus oraciones con la voluntad de Dios

Entonces, ¿cómo puede alguien alinear sus oraciones con la voluntad de Dios? Bastante simple: Dios ha revelado su voluntad a través de su Palabra. Ya que esto es cierto, ¿por qué algunos cristianos, como lo hacía yo cuando era niña, agregan un *"si es tu voluntad"* al final de sus oraciones?

Hasta donde puedo discernir, este tipo de oración condicionada se basa en una interpretación teológica aparentemente amplia de las oraciones de Jesús en el jardín, donde en tres ocasiones ruega a Dios antes de su crucifixión: "No sea como yo quiero, sino como tú". (Vea Mateo 26:39, 42, 44).

En este pasaje Jesús ya sabía la voluntad de Dios. De hecho, había nacido para aquel día glorioso en el que llevaría el pecado de todos nosotros. Vino al mundo y se hizo carne para morir por los pecados de toda la humanidad y esa carne humana estaba teniendo una intensa batalla. Su lucha era para *someter* su carne a la voluntad de Dios, no para *discernir* la voluntad de Dios. ¿Alguna vez se ha sentido así? En otras palabras, *sabe* lo que es correcto delante de los ojos de Dios (es decir, Él le ha mostrado claramente su voluntad), pero su carne pide a gritos no hacerla (en casos como el ayuno, la abstención de un placer favorito, el caminar la milla extra por un vecino en apuros, etc.).

Tengo que admitir que a veces me he encontrado en este tipo de lucha con mi propia voluntad, si bien es cierto que a una escala mucho menor que la lucha de Cristo en el jardín del Getsemaní. Mi parte humana ciertamente no quería aceptar el llamado de Dios para mi vida. Simplemente no quería viajar para enseñar acerca de la oración; más bien, quería ser una mamá que se quedara en casa y todavía considero este trabajo como uno de los más grandes honores en esta tierra.

Sin embargo, este no era el plan de Dios para mí. Me llamó para ser madre y líder de oración al mismo tiempo. Mis luchas contra mi carne y mis propios deseos fueron enormes durante esa época, mientras Dios lidiaba conmigo para que aceptara su llamado para mi vida.

Si me permite hacer un corto recuento, creo que mi historia aportará al punto que quiero dejar claro aquí.

Cuando tenía nueve años, pasé adelante durante un servicio en la capilla de un campamento de verano al que estaba asistiendo. Nunca olvidaré aquel día. Canté: *"He decidido seguir a Cristo, no vuelvo atrás, no vuelvo atrás"*, mientras caminaba al frente de aquella rústica capilla construida entre los pinos de Prescott, Arizona. En aquel momento, dediqué mi vida a ser misionera.

La vida fluía para mí y el llamado de Dios estaba de alguna manera adormecido, aunque estuve muy activa en mi iglesia durante mis años de adolescente y joven adulta. Luego, un año después que Mike y yo nos casamos, me gradué de la Universidad Pepperdine en Malibu, California, con un título en educación musical.

A partir de allí la vida solo se volvió más ocupada a medida que comenzamos nuestro andar juntos y tuvimos dos hijos. Finalmente, en mi cumpleaños número treinta, le comenté a la esposa de mi pastor: "Creo que el llamado de Dios para mi vida es simplemente quedarme haciendo lo que estoy haciendo ahora".

Al recordar aquella afirmación, me río al ver cuán equivocada estaba. ¡No podía siquiera imaginarme que llegaría el día cuando hablaría cada año en cada parte habitada del planeta! Cuando cumplí treinta años, nos mudamos de California a Weatherford, Texas. Habían pasado veintinueve años desde que aquella pequeña niña de nueve años escuchó el llamado misionero de Dios mientras oraba entre los pinos de Arizona. Durante las dos décadas que siguieron, no me había mencionado absolutamente nada acerca de convertirme en misionera. Entonces, de repente, me di cuenta claramente de que había llegado el momento en que Dios cumpliría su llamado. Mi carne se rebeló, porque cada parte de mi vida en aquel entonces parecía estar bien. ¡Sentía como si cada fibra de lo que yo pensaba que era mi identidad personal se estuviera sacudiendo!

La versión corta de la historia de esa etapa de mi vida es esta: El Espíritu de Dios me estaba diciendo algo mucho más allá de mi comprensión, ¡al punto que sentí que estaba delirando seriamente! Aunque sabía que Dios me había llamado cuando tenía nueve años, aquel episodio me parecía un recuerdo lejano. Mi voluntad se rebeló y simplemente no quise dejar mi zona de comodidad. ¡Incluso traté de que Dios llamara a Mike en vez de a mí!

Por fin, una noche oscura después de luchar con Dios, me arrodillé delante de nuestro sofá de terciopelo azul y oré las palabras que me alinearon con la voluntad de Dios para mi vida: *"Padre Dios, mi vida no me pertenece. Aquí estoy Señor, envíame"*.

Por supuesto, la consecuencia de esto fue que inmediatamente después de este "episodio en el sofá", numerosas puertas comenzaron a abrirse al llamado de Dios y luego de unos pocos años Mike y yo estábamos reuniendo generales de intercesión para orar juntos en todas las naciones de la tierra. Conocía la voluntad de Dios, pero mi carne luchó con ella hasta que por fin me sometí al Dueño del Universo.

Puede que haya momentos en que no podemos darnos cuenta con claridad acerca de cuál es la voluntad de Dios e incluso momentos cuando nuestra carne se quiera oponer a ella. Pero como antes mencioné, la Escritura revela su voluntad en muchos, muchos casos, de modo que simplemente no tenemos que añadir la línea "si es tu voluntad". ¿No es cierto que es reconfortante saber que Dios ya ha revelado su voluntad en la Escritura?

Encontrar nuestra confianza en la oración

Esto nos conduce a una pregunta básica y muy importante: "¿Cómo oro según la voluntad de Dios y veo mis oraciones respondidas?" Cada persona que ora lo hace con la esperanza de que recibirá la respuesta que desea de parte de Dios. De eso es que se trata este capítulo: de enseñarle cómo orar en la voluntad de Dios para ver sus oraciones respondidas.

Al saber cuán importante es alinear nuestras oraciones con la voluntad de Dios, quiero comenzar con una palabra bíblica muy importante: *confianza*.

Me encanta este versículo:

> Y esta es la confianza que tenemos en él, que si pedimos alguna cosa conforme a su voluntad, él nos oye. Y si sabemos que él nos oye en cualquiera cosa que pidamos, sabemos que tenemos las peticiones que le hayamos hecho.
>
> 1 JUAN 5:14-15

Con el objetivo de ver nuestras oraciones contestadas, ¡primero debemos estar confiados en el hecho de que Dios desea responder! ¿Pero de dónde viene esa confianza? ¿Debemos simplemente *desear* que exista? Eso me recuerda una historia que en cierta ocasión viví con respecto a la humildad. Mi amigo John Dawson, el líder de Juventud con una Misión (JUCUM), dijo ante una pequeña audiencia: "A la cuenta de tres, quiero que seamos humildes: uno, dos, tres: ¡sean humildes!". La multitud se rió, por supuesto, porque una persona no puede simplemente decidir ser humilde. La humildad *nace de una comprensión de la voluntad de Dios para nuestra vida, esa humildad* se adquiere a través del poder del Espíritu Santo a medida que somos transformados a su imagen. Dicho de otra forma, la humildad es el fruto de una vida que se somete a Dios y a sus propósitos.

Y lo mismo sucede con la voluntad de Dios: No es tan simple como despertar un día y decir: "Este es el día, ¡este es el día en que voy a ganar confianza en la habilidad de Dios para contestar mis oraciones!" (¡¿Acaso no sería maravilloso si Dios obrara de esa manera?!). Para ilustrar cómo podemos ganar confianza en que Dios oirá y responderá nuestras peticiones, permítame compartir una historia acerca de George Muller, el gran santo de Dios del siglo diecinueve que alimentó a miles de huérfanos y reunió más de un millón de libras durante su vida para ayudar a los pobres y necesitados. Muller era un hombre reconocido por su confianza en la habilidad y el deseo de Dios de contestar sus oraciones. Un gran ejemplo de la confianza de Muller se ilustra en la asombrosa historia que contó el capitán de un barco en el que Muller estaba viajando:

> Teníamos a George Muller de Bristol a bordo. Yo había estado en el puente durante veinticuatro horas sin moverme de allí y Muller se acercó y me dijo:—Capitán, he venido a decirle que tengo que estar en Quebec el sábado por la tarde.
>
> —Eso es imposible—dije.
>
> —Muy bien, si su barco no puede llevarme, entonces Dios encontrará alguna otra manera. Nunca he faltado a un compromiso durante cincuenta y siete años; bajemos al cuarto de mapas para orar.

Observé al hombre de Dios y pensé: *¿De qué asilo de lunáticos pudo haber venido este hombre?, pues nunca he escuchado algo como esto.* —Muller—dije—¿se da cuenta de cuán densa es la neblina?

—No—respondió—.Mis ojos no están en lo denso de la neblina, sino en el Dios viviente que controla cada circunstancia de mi vida. Se arrodilló y oró una oración muy sencilla.

Cuando terminó, yo iba a orar, pero él me puso la mano en el hombre y me pidió que no orara.—Ya que usted no cree que Dios va a responder, y ya que yo creo que ha respondido, no hay necesidad alguna de que usted ore acerca de esto.

Lo miré y George Muller dijo:—Capitán, he conocido a mi Señor durante cincuenta y siete años y no ha habido un solo día en el que no haya podido tener una audiencia con el Rey. Levántese, capitán, abra la puerta y se dará cuenta de que la neblina se ha ido.

Me levanté y ciertamente la neblina se había ido y aquella tarde de domingo George Muller pudo cumplir con su compromiso.[1]

Muller tenía confianza en Dios porque sabía que Dios lo había llamado a hablar en Quebec; sabía que Dios movería el cielo y la tierra para llevarlo a Quebec si tan solo creía y oraba con confianza. No tenía dudas de que iba a recibir lo que le había pedido a Dios *porque sabía que lo que estaba pidiendo era la voluntad de Dios*. No oró una oración que incluía las palabras "si es tu voluntad". Ya conocía su voluntad.

Y esa, amigos, es la clave: Cuando estudiamos la Palabra y Dios revela su voluntad, podemos estar confiados en que Dios lo hará. De modo que nuestra confianza no está en nuestra propia habilidad para discernir su voluntad, ¡sino en la habilidad de Dios para revelárnosla! En otras palabras, una vez que comprendemos su voluntad revelada a través de su Palabra, podemos estar confiados sobre cómo orar para ver nuestras oraciones respondidas. Por ejemplo, su Palabra dice que Él suplirá todas nuestras necesidades según sus riquezas en gloria en Cristo Jesús (Filipenses 4:19). No tenemos que preguntar si es su voluntad que alimentemos a nuestra familia o que tengamos electricidad en nuestra casa. Por tanto, con toda confianza podemos pedir su provisión para estas cosas sin añadir un "si es tu voluntad" al final.

¡Qué preciosa es esa clase de confianza en el Señor!

Busqué en el diccionario la definición de la palabra *confianza* y he aquí lo que encontré:

> Esperanza completa; fe en los poderes, veracidad o confiabilidad de una persona. Palabras relacionadas: seguridad, autoridad. Antónimo: desconfianza.[2]

Necesitamos orar con absoluta confianza y seguridad de que Dios quiere responder las oraciones que se oran en concordancia con su Palabra y su voluntad para nuestras vidas.

Cuando Mike y yo vivíamos en Weatherford, había un anciano llamado Campbell Walker que vivía al cruzar la calle. Con frecuencia Campbell nos deleitaba con historias de la zona cuando era el Lejano Oeste y los vaqueros iban en caballo a la iglesia. Parece que hubo una época cuando toda la región pasó por una terrible sequía. El pastor convocó a una reunión especial de oración para suplicarle a Dios que enviara lluvia. Para su sorpresa, un joven vaquero se acercó rápidamente por el pasillo, llevando su montura, haciendo escuchar el ruido chirriante de los estribos mientras caminaba.

—Vaquero—dijo el pastor—¿por qué entras con tu montura a la casa del Señor?

—Bueno, pastor—dijo, arrastrando las palabras con acento sureño—vinimos a orar por lluvia; ¡esta es mi montura nueva y no quiero que se moje!³ El joven vaquero tenía fe. No estaba allí para pedirle a Dios que mandara la lluvia y preguntarse si el Señor respondería; creía que lo que había pedido en oración era posible y que, como resultado, la lluvia era inminente.

Es totalmente posible orar de acuerdo a la voluntad ya revelada de Dios y esperar que nuestras oraciones tengan respuesta. Si un joven vaquero pudo tener esta clase de fe, nosotros también podemos. Debemos orar con completa confianza, autoridad y seguridad de que Él hará lo que le pidamos que haga por nosotros.

El privilegio de la oración

La oración es algo interesante. En principio, debido a que Dios es todopoderoso, puede hacer lo que quiera en cualquier momento sin que nos involucre en ello. Sin embargo, el autor y líder de oración Bob Willhite afirma: "La ley de la oración es la ley más alta del universo, puede vencer las otras leyes al hacer posible la intervención de Dios".⁴

Dios estableció la ley de la oración como la fuerza que promueve que se haga su voluntad en la tierra como en el cielo y, por tanto, decidió compartir con nosotros las condiciones para que esta se hiciera. No tenemos que preguntar si Dios quiere que se haga su voluntad en la tierra como en el cielo porque sabemos al leer Mateo 6:10 que así es.

¿Por qué orar si simplemente le estamos pidiendo a Dios que haga lo que ya sabemos es su voluntad? Tal pregunta, por supuesto, trata de descifrar el misterio de la soberanía divina y de la responsabilidad humana. No obstante, a pesar de que no somos capaces de resolver este misterio, podemos responder la interrogante que esta encierra. La respuesta es relativamente directa: Dios en su soberanía ha escogido hacer su voluntad a través de la oración de los seres humanos. Parece ser que Dios ha escogido no hacer lo que con gusto podría hacer si los seres humanos se niegan a orar por ello. Por una parte, mezcla la oración con el privilegio. Los cristianos están invitados a trabajar junto con el Creador del universo. Si un creyente no percibe correctamente la voluntad de Dios, Dios no está obligado a contestar esa oración.[5]

Aquí hay algunas cosas que sabemos con certeza que Dios quiere cumplir en la Tierra:

1. Quiere que las naciones sean instruidas de acuerdo a los principios bíblicos.
2. Quiere que nosotros enseñemos a las naciones según su Palabra revelada. (Mateo 28:19-20)
3. Quiere que cumplamos el papel para el cual fuimos creados y para esto ha limitado su participación en la Tierra; en vez de ello, requiere nuestra intercesión para que se haga su voluntad.

Mi amigo Dutch Sheets explica esto acertadamente en su excelente libro *Authority in Prayer (La autoridad en la oración):*

Lo que Dios tenía planificado para Adán lo ha planificado también para todos los adanes, incluyendo la autoridad en el ámbito terrenal. Es por esto que Génesis 1:26 afirma: "Hagamos al hombre a nuestra imagen, conforme a nuestra semejanza; y señoree". Todos los adanes, la raza humana completa, recibieron autoridad sobre la tierra.

El Salmo 115:16 confirma la intención original de Dios con respecto al mandato de dominio de la humanidad:

"Los cielos son los cielos de Jehová; y ha dado la tierra a los hijos de los hombres (adanes)". La palabra "dado" proviene de un término hebreo que puede significar posesión pero también significa "dar en el sentido de una tarea", significa "poner a cargo de".[6] Dios nos estaba diciendo a nosotros los adamitas: "Yo me voy a encargar de las estrellas, los planetas y las galaxias, pero la tierra es de ustedes, están a cargo de ella". Es por eso que James Moffat, en su traducción de las Escrituras, añade esta porción: "la tierra que Dios ha asignado a los hombres". Dios no abandonó el liderazgo de la tierra, pero sí asignó a los humanos la responsabilidad de gobernarla o ser los mayordomos de ella, *comenzando con nuestro propio mundo privado* y continuando con nuestros alrededores y el universo.[7]

Puse en cursiva las palabras "comenzando con nuestro propio mundo privado" porque es ahí donde nosotros, como creyentes, tenemos que empezar en nuestro camino de fe a medida que aprendemos a ejercitar nuestra autoridad en oración. Volviendo al título de este capítulo, la primera premisa sobre la que necesitamos estar completamente claros es que Dios quiere que reclamemos las promesas que ya nos ha dado y que oremos por ellas con confianza.

Permanecer en las promesas de Dios

Cuando era pequeña, en nuestra iglesia siempre cantaban el himno "Todas las promesas". La letra de este himno siempre me confundía un poco porque en mi mente infantil pensaba: *Dios, ¿quieres que me pare sobre mi Biblia?*

¿Cómo alguien se apoya en las promesas de Dios? En primer lugar, encuentre un pasaje en la Escritura que se ajuste a su situación y busque una promesa en él. Algunas promesas abarcan un espectro muy amplio y cubren una amplia gama de necesidades, como por ejemplo esta:

> Por tanto, os digo que todo lo que pidiereis orando, creed que lo recibiréis, y os vendrá.
>
> MARCOS 11:24

Otro gran versículo que cito y uso con frecuencia para "apoyarme en la promesa" es:

> Todo cuanto pidiereis al Padre en mi nombre, os lo dará. Hasta ahora nada habéis pedido en mi nombre; pedid, y recibiréis, para que vuestro gozo sea cumplido.
>
> JUAN 16:23-24

Por supuesto, las peticiones en nuestras oraciones tienen que estar supeditadas de forma que sean consistentes con la naturaleza y el carácter de Dios y no ser un reflejo de nuestros propios deseos egoístas. Escuché en cierta ocasión acerca de un niño pequeño que estaba tan celoso de su pequeña hermana bebé ¡que le pidió a Dios que la llevara de regreso al cielo! ¡No es difícil discernir que esa oración tan malcriada no está de acuerdo con la voluntad de Dios! ¿Por qué? Dios es el que da la vida y no deja en manos de los caprichos de un niño celoso la posibilidad de determinar el destino de su hermana mediante la oración.

A medida que pasan los años y aprendo a apoyarme en las promesas de Dios, me he sentido mucho más cómoda e inspirada a reflexionar acerca de sus nombres en la Biblia. Aquí hay *algunos* de los nombres de Dios, disponibles para nosotros cuando oramos, sabiendo que Él nos responderá de acuerdo a su naturaleza divina:

1. Jehová-Jiré/Génesis 22:14—Él es nuestro proveedor y hay muchas promesas preciosas de Dios que Él nos dará cuando oramos en su nombre.

2. Jehová-Rafa/Isaías 53:5—Él es quien sana. Le suplicamos y pedimos sanidad en su nombre y con el entendimiento de este atributo de Dios.

3. Jehová-Nissi/Éxodo1 7:15—Dios es nuestro protector o nuestro estandarte.

4. Jehová-Shalom/Jueces 6:24—Él es el Dios de paz que nos ayuda en medio de las tormentas de la vida.

Además, hay nombres de Dios (o aspectos de quién es Él) a los que podemos acudir en nuestras oraciones, tales como:

1. El Dios de toda consolación/2 Corintios 1:3
2. El Señor de la cosecha/Lucas 10:2
3. El Dios de misericordia/Lucas 1:78

No tiene que orar solo

Una de las mejores formas de descubrir la voluntad de Dios es cosechar oraciones de otros que son adeptos a escuchar su voz en la intercesión. Si es posible, diríjase a aquellos a quienes conocer mejor, que se interesan en su destino y que están alineados en mente y espíritu con usted y con su situación. Y si es posible, pida oración a su pastor o a otros líderes de la iglesia a quienes tenga acceso, o a otras personas de autoridad en su vida.

A principios de los años noventa, Mike y yo estábamos pensando en mudarnos a Colorado Springs, de modo que llamé a mi amigo Dick Eastman, que vivía en la ciudad, para preguntarle su opinión. Sin saber para qué lo estaba llamando, este gran hombre de oración, que ha intercedido por nuestra familia durante años, comenzó a decirme que creía que el Señor estaba reuniendo "generales de oración" para interceder por la ciudad. Por supuesto, esto tenía un gran significado para mí, porque como puede que sepa, el nombre de nuestro ministerio es Generales Internacionales (en aquella época el nombre era, de hecho, Generales de Intercesión).

El siguiente paso en el proceso de toma de decisiones fue buscar el consejo de nuestra junta directiva, que en aquel momento incluía líderes como Dutch Sheets, Peter Wagner, entre otros. Todos estuvieron de acuerdo en que mudarnos a Colorado Springs era lo correcto.

De hecho, Peter Wagner, que estaba viviendo en Pasadena, California, en aquella época, también se mudó a Colorado Springs poco tiempo después de hacerlo nosotros.

Muchas otras personas oraron por nosotros y casi todas las respuestas que recibimos fueron favorables. Los pocos amigos que no apoyaron nuestra mudanza tenían un interés personal emocional de que nos quedáramos en Texas.

Diez años más tarde, nuestro amigo Sam Brassfield, un intercesor que ha hablado poderosamente a nuestras vidas a lo largo de los años, nos llamó y nos dijo que creía que Dios quería que regresáramos a Texas. ¡Decir que nos quedamos estupefactos es quedarse corto! De hecho, en aquel momento bromeé con un colega cercano: ¡¿"No podía Dios simplemente haber dicho: 'No vayan' la primera vez, de modo que no tuviéramos que mudarnos dos veces?!". Me imagino que Dios tenía el plan de que nos convirtiéramos en intercesores nómadas o en misioneros en el área de Colorado Springs durante una temporada.

Mudarnos es bastante complicado para nosotros; para aquel entonces nuestro personal había crecido desde que nos habíamos ido de Texas y teníamos muchos más equipos que cuando originalmente nos habíamos mudado a Colorado Springs. Mike y yo también habíamos comprado tres hermosas hectáreas con árboles para construir la casa de nuestros sueños. Todas nuestras cuentas estaban pagadas y nos iba bien desde el punto de vista financiero.

Empezamos a orar y le pedimos a muchos que oraran por nosotros. Nos reunimos con un grupo de amigos cercanos dedicados a la oración y, a medida que oramos, todos y cada uno de ellos ¡en persona! confirmaron que la voluntad de Dios para nosotros era que nos mudáramos a Texas.

Por fin, nos reunimos con nuestro consejo directivo, el mismo que había dado el sello de aprobación de Dios para que nos mudáramos a Colorado y uno de ellos, el autor y líder de oración Chuck Pierce, profetizó en oración que nos íbamos a mudar en cinco meses. *¡Cinco meses!* ¡Casi nos desmayamos! Dios no estaba haciendo esto fácil.

No obstante, cinco meses más tarde, los camiones de mudanza salieron de Colorado Springs cargados con escritorios, equipos de audio y todas nuestras posesiones terrenales. Nuestro regreso a Texas ha sido una gran bendición, ya que *Dios conoce* el lugar exacto donde nuestro destino se potenciará. Y ese es su deseo para usted también: que sea capaz de reconocer y someterse a su voluntad, de modo que el favor de Dios descanse en su vida.[8]

∽ Capítulo cuatro ∾

Obstáculos para obtener respuesta a la oración

*M*ientras está en el camino para ver la respuesta a oraciones que ha hecho durante un largo tiempo, es esencial entender las clases de obstáculos que pueden amenazar su progreso. En algunos casos, la vida nos lanza algunas bolas curvas y corremos el riesgo de naufragar (1 Timoteo 1:19). Este fue el caso de mi hermana menor, Lucy.

A pesar de que crecimos en un hogar cristiano, mi hermana menor enfrentaba algunos retos con su fe. La repentina muerte de nuestro padre a la edad de cuarenta y nueve años golpeó duramente el barco de la fe de Lucy. Papá murió cuando Lucy tenía dieciséis años y, si bien no estoy diciendo que su muerte fue la única causa por la que Lucy luchó con su fe, su muerte le afectó bastante.

Lucy y yo siempre hemos sido muy cercanas. Ella es cinco años menor que yo y, cuando nació, pensé que era la más hermosa y tierna creación que había visto en mi vida. Su cabello era rubio y ondeado y si uno halaba aquellos pequeños rizos, regresaban a su posición anterior como un tirabuzón.

Un día conoció a Mark, un apuesto joven de ojos azules de Minnesota que estaba de visita en San Antonio, Texas, junto con su amigo Glenn. Y mientras la mejor amiga de Lucy, Beatrice, se enamoró de Glenn, mi hermana se enamoró de Mark. Después de un tiempo, Mark y Lucy se casaron y comenzaron su vida juntos. El único problema era que ella no tenía el menor interés en seguir al Señor. Y si bien es cierto que Mark era un buen hombre, no era cristiano, lo que provocó que Lucy se interesara aún menos en regresar a su fe.

Poco después de que Lucy se casara, comencé a hacer una campaña de cartas, pensando que podía instruirla acerca del reino de Dios. Al final de las cartas a mi hermana, siempre incluía una lista de pasajes de la Escritura. Más tarde me comentó que ella simplemente echaba mis cartas a la basura. (¡Ay, tanto tiempo que empleé buscando aquellos versículos!)

Por fin comencé a actuar con inteligencia y empecé a llevar ambos casos, el de Mark y el de Lucy, delante del mayor y más sabio convencedor y autor de la convicción en el universo, el Espíritu Santo.

Mi hermana Lucy no era la persona que le habían enseñado a ser cuando era niña.

La parábola del hijo pródigo (Lucas 15:11-31) se refiere a la conducta de una persona que va en contra de lo que le han enseñado a creer y describe la transformación que Dios produce cuando la persona tiene un encuentro con él. Un amigo me hizo notar algo que nunca antes había notado en la historia del hijo pródigo:

> Y *volviendo en sí* (el hijo pródigo), dijo: ¡Cuántos jornaleros en casa de mi padre tienen abundancia de pan, y yo aquí perezco de hambre!
>
> Lucas 15:17

Mi hermana estaba actuando fuera de sí. De acuerdo a su naturaleza y crianza había sido creada para servir y amar a Dios. Nosotros le habíamos enseñado esto desde el momento en que había venido a este mundo y la razón por la que no estaba actuando según había sido enseñada era el dolor y las heridas en su vida, o "el afán de este siglo" (Mateo 13:22).

Mientras intercedía por mi hermana, me di cuenta de que necesitaba librarse del dolor que tenía por haber perdido a nuestro padre así como por otras cosas que le habían pasado. Le pedí a Dios en oración que me diera una estrategia para lograr que su sanidad fuera una realidad. Y entonces, poco a poco, pude ser testigo de cómo Dios estaba restaurando el alma de Lucy. Por fin, luego de seis años de intercesión, Lucy me llamó para decirme que había vuelto a dedicar su vida al Señor. A continuación puede leer su testimonio acerca de cómo sucedió esto:

> Un día mientras estaba alejada del Señor, encontré un programa de televisión cristiano en mi televisor. Para mi sorpresa, un hombre vino y dijo: "El Espíritu Santo me dice que hay una mujer mirando el programa que ha estado lejos del Señor y está tratando de regresar".
>
> Al oír aquellas palabras, el poder de Dios me impactó y caí de rodillas. En mi mente no había ni una duda de que era el mismo Señor quien me estaba visitando allí mismo en la sala de mi casa.

El Espíritu Santo quitó los obstáculos para que Lucy experimentara el amor de Dios y de repente (¡como Dios suele trabajar con mucha frecuencia!) *volviera en sí misma una vez más*. En un corto período de tiempo, su vida cambió las ataduras espirituales de oscuridad por la libertad de las armas eternas de Dios. Luego fue a la iglesia de mi mamá en Texas y de manera oficial dedicó otra vez su vida al Señor.

Dramático, ¿verdad? Dios es bastante convincente en sus tratos con los pecadores.

Si piensa que esa historia es asombrosa, espere hasta que le cuente cómo Dios transformó a Mark, el esposo científico de

Lucy. Su historia encaja en otra categoría de obstáculos para obtener respuesta a la oración, los que resumiré más adelante.

Es probable que la historia de la lucha que tuvo mi hermana después de la muerte de papá se haya repetido en muchas familias de toda la tierra durante cientos de años. Si esta es una versión de la historia de uno de los miembros de su familia, no desista: llegará el día cuando despertará y ¡"volverá en sí" otra vez!

Analicemos diferentes obstáculos, uno por uno, de modo que podamos entender cómo obtener la victoria en oración que todos deseamos y ver nuestras oraciones contestadas.

Obstáculo #1:
Una herida emocional profunda

Las heridas emocionales profundas (como la que sufrió mi hermana) son uno de los obstáculos más comunes que pueden impedir que las personas respondan a la voz de amor de Dios. Una clave cuando estamos intercediendo por un ser amado es determinar cuál es el asunto radical y diseñar una estrategia de oración para tratar con él.

Hay ocasiones en que el trauma que ha lanzado a una persona a un estado pródigo es evidente; otras veces es más oscuro. Hay ocasiones en que he orado por alguien pero he tenido dificultad para identificar el o los obstáculos que impiden que esa persona regrese al Señor. A continuación escribo una lista de varias formas de descubrir la raíz particular del problema o los problemas de una persona:

A. Escuche la conversación de la persona. ¿Habla acerca de todos los "hipócritas" de la iglesia? Es probable que algún tipo de interacción con la religión o con un líder cristiano la haya herido o hastiado. Si cree que este es el caso, pida a Dios que envíe obreros a su camino que no sean hipócritas y que permita que pueda restaurarse al verdadero cristianismo.

B. Crea que el Señor revelará a la persona, o a otros, su dolor a través de un sueño o una visión.

C. El dolor y el trauma pueden hacer que naufraguemos en nuestra fe y en nuestras oraciones. Primera a Timoteo 1:19 afirma: "Manteniendo la fe y buena conciencia, desechando la cual naufragaron en cuanto a la fe algunos."

En general, no es difícil descubrir a alguien que ha naufragado en la vida. En algún momento recibieron un daño debido a algún episodio traumático y después enfrentaron luchas para crecer espiritualmente. Muy a menudo cuando ese punto de dolor o trauma se cura, quedarán libres de las ataduras del dolor y otra vez tendrán vida en Cristo.

El don de la profecía es una herramienta muy poderosa al momento de orar por alguien que ha naufragado desde el punto de vista espiritual. Ha habido ocasiones en las que he estado ministrando a alguien en oración y el Señor me ha revelado un momento de dolor en el pasado de la persona, lo revela, y luego le trae consuelo y sanidad.

Un ejemplo particularmente asombroso tuvo lugar al final de un servicio cuando pedí a una joven pareja que vinieran al frente para orar por ellos. La mujer se levantó enseguida, pero el hombre lo hizo con timidez y más bien la siguió de mala gana. De hecho, me dio la impresión de que llevaba una pesada carga de vergüenza sobre sus hombros.

Me dirigí a él y le pregunté si tenía problemas con el enojo. Al principio se ruborizó y trató de defenderse, así que extendí mi mano y oré por él para que Dios lo liberara. Al principio parecía como si un rayo lo hubiera golpeado, pero poco a poco su rostro comenzó a brillar de una manera gloriosa.

La pareja me contó después del servicio que habían estado separados durante un par de meses debido al problema del hombre con la ira. Era propenso a estallar en ira y volverse violento al punto de golpear a su esposa. El día que los conocí era el primer domingo después de que habían regresado juntos y él había pasado una buena parte de la noche anterior suplicándole al Señor que lo liberara de su violencia y de su problema con la ira.

Si conoce a alguien que ha naufragado por las tormentas de la vida, no deje de orar por ellos. Dios es capaz de sanarlos y traerles liberación en formas inimaginables.

Obstáculo #2:
La falta de perdón

La falta de perdón es probablemente el obstáculo o el impedimento más común para ver las oraciones respondidas. No solo es un obstáculo, sino que a menudo nos aleja de la oración y la devoción personal.

Recientemente noté que no tenía deseos de levantarme y orar tanto como lo hago usualmente. Usé la excusa: "Estoy cansada y he estado viajando mucho, de modo que necesito dormir más". ¡Por supuesto que eso *es* cierto! Sin embargo, el hecho de estar cansada no impedía que hiciera las otras cosas del día, como comer cuando tenía hambre, beber cuando estaba sedienta, etc. Por fin el Espíritu Santo penetró en mi corazón en su poderosa y asombrosa forma y susurró: "Cindy, ¿por qué no estás pasando más tiempo conmigo?".

Si está casado o casada, puede que la siguiente declaración le resulte familiar: he notado que si Mike hiere mis sentimientos, tengo la tendencia a recluirme. Puede que no estemos peleando, pero simplemente no camino con él la segunda milla en nuestra relación. Con el tiempo hablamos sobre el asunto o me doy cuenta de que he estado demasiado sensible (y lo supero por mí misma). Esta clase de situación puede suceder también en la relación de uno con el Señor y eso era lo que había sucedido en mi caso. ¿La razón? Una buena amiga mía había muerto después de que yo había orado persistentemente para que se sanara. Estaba dolida por su muerte y también un poco enojada con Dios. Por supuesto, Satanás estaba encantado al ver que no me estaba levantando y poniéndome en la brecha tanto como antes. Eso significaba que el reino del enemigo podía avanzar más porque yo no estaba frente a la pared de la oración intercesora, ¡u otra persona tenía que ocupar mi lugar!

¿Qué hice? Me arrepentí. Es interesante cómo funciona el arrepentimiento: Antes de hacerlo, por alguna razón, parece difícil; pero después, la persona por lo general piensa: ¿Por qué me demoré tanto en hacerlo? La demora por lo general se debe a nuestro orgullo. Ed Silvoso dice que el orgullo es como el mal aliento, ¡uno es el último en enterarse de que lo tiene!

La falta de perdón da lugar también a otros obstáculos. Marcos 11:25-26 es un gran pasaje sobre la falta de perdón y el arrepentimiento:

> Y cuando estéis orando, perdonad, si tenéis algo contra alguno, para que también vuestro Padre que está en los cielos os perdone a vosotros vuestras ofensas. Porque si vosotros no perdonáis, tampoco vuestro Padre que está en los cielos os perdonará vuestras ofensas.

Otro versículo clave que se relaciona con esto es Salmos 66:18

> Si en mi corazón hubiese yo mirado a la iniquidad,
> El Señor no me habría escuchado.

Muchas veces nos enojamos con Dios en oración porque pensamos que no nos está escuchando o que no le interesa lo que decimos. ¡Por supuesto, nada más lejos de la verdad! Va contra su naturaleza portarse de otra manera que no sea como un Padre amoroso y atento. Si bien ha establecido ciertas reglas para que las oraciones reciban respuesta, a pesar de esto no faltará a su justicia. Y cuando nosotros dejamos de orar esto tiene sus consecuencias:

> He aquí que no se ha acortado la mano de Jehová para salvar, ni se ha agravado su oído para oír; pero vuestras iniquidades han hecho división entre vosotros y vuestro Dios, y vuestros pecados han hecho ocultar de vosotros su rostro para no oír.
>
> Isaías 59:1-2

Además, la falta de perdón es una espada de doble filo. Puede impedir que nuestras oraciones reciban respuesta cuando intercedemos por una persona o puede impedir que esa persona por la que estamos orando escuche la voz de Dios.

Como dije antes, es posible que en nuestra vida haya falta de perdón y que ni siquiera estemos conscientes de ello. Y debido a que normalmente no solemos pensar cosas como estas: "¡Odio a esa persona!" o "Nunca los perdonaré por lo que me hicieron", pensamos que estamos bien. Es por eso que es tan importante ponernos al día con el Señor de manera regular y asegurarnos de que no estamos labrando alguna raíz de amargura contra alguien sin darnos cuenta. Cuando el barco de la vida pasa por aguas turbulentas puede recoger algunos bálanos de falta de perdón sin que nos demos cuenta siquiera de que se han adherido a nuestras emociones. El Señor también quiere que estemos dispuestos a rendir cuentas a personas que amamos o a amigos cristianos, ya que él usa a buenos consejeros en nuestra vida para ayudarnos a permanecer "libres de bálanos".

Es difícil interceder por una persona a la que guardamos rencor. Inténtelo: cada vez que tratamos de orar, el daño que nos ha hecho (o que le ha hecho a alguien que amamos) sale a relucir en nuestro pensamiento. Para revisar áreas de falta de perdón de las que puede que no se hayan dado cuenta, muchas personas oran y meditan en Mateo 6:14-15:

> Porque si perdonáis a los hombres sus ofensas, os perdonará también a vosotros vuestro Padre celestial; mas si no perdonáis a los hombres sus ofensas, tampoco vuestro Padre os perdonará vuestras ofensas.

Obstáculo #3: Raíces de amargura

Esto nos conduce a la pregunta bíblica: "Si oramos para perdonar por fe, ¿estará resuelto el asunto?". En otras palabras, ¿de veras hemos creído personalmente que Dios ve nuestro corazón en el momento en que perdonamos por fe? No obstante, no debemos quedarnos ahí, sino que debemos continuar intercediendo hasta que hayamos lidiado completamente con el dolor y el trauma de esas experiencias. Si no continuamos con nuestra intercesión personal hasta que estemos completamente libres de todo residuo, es posible que todavía podamos desarrollar raíces de amargura que dañen nuestra habilidad de escuchar a Dios apropiadamente; estas también hacen difícil discernir cómo y cuándo Dios quiere que intercedamos por una persona o una situación. La amargura puede dañar nuestras oraciones, ya que nuestro dolor puede impedir que intercedamos por una persona por la cual Dios quiere que oremos. Necesitamos reflexionar en las palabras que se encuentran en este pasaje de la Escritura:

Mirad bien, no sea que alguno deje de alcanzar la gracia de Dios; que brotando alguna raíz de amargura, os estorbe, y por ella muchos sean contaminados.

HEBREOS 12:15

La otra noche en oración el Señor me sorprendió pidiéndome que orara por un líder cristiano que había tratado de dañarme a mí y a nuestro ministerio. Me había llamado falsa profeta y tal parecía que en todos los lugares a los que yo iba, él había hablado mal de mí. Incluso antes de que esto sucediera, yo había orado por él de manera regular. En mis oraciones decía algo así: *"¡Y Señor, lo perdono otra vez!"*. Al final del día me detenía y pensaba: *Hmmm, ¿He perdonado a ese ministro otra vez por lo que escuché hoy? ¡Déjame asegurarme de que así sea!*

No me sentía en lo absoluto sorprendida cuando escuchaba noticias de su virulencia y sus mentiras amargas acerca de mí. Sin embargo, un día decidí que había sido suficiente. Hice un plan para llamar a dos importantes líderes cristianos que nos conocían bien a ambos y que ellos decidieran si yo era o no el lobo vestido de oveja que este hombre decía que era.

Sintiendo que mi decisión era muy justa, llamé a un amigo y le conté acerca de mi plan maestro. "Ahora bien, Cindy", me dijo, "¿realmente quieres dividir el cuerpo de Cristo haciendo esto?".

¡El cuerpo de Cristo! pensé, *¿Y yo qué? ¿No cuento en esta ecuación? ¿Acaso no importa el hecho de que yo también tengo sentimientos?*

Toda aquella conversación me hizo echar chispas otra vez debido a la injusticia que me estaban haciendo. Más tarde gruñí: *"Señor, confronté a ese hombre acerca de su pecado sexual y ahora se ha propuesto destruirme. ¡Haz algo para defenderme!"*. También estaba dolida y un poco enojada por el hecho de que el amigo al que había llamado ¡no había saltado en mi defensa!

En la vida hay momentos en los que es bastante difícil practicar lo que se predica, y ese era mi caso en aquel momento. En numerosas ocasiones he compartido con otros: "Usted no puede dañar la reputación de Dios. Si está confiando en su propia reputación, nunca obtendrá la victoria en las pruebas del ministerio. Entregue su reputación a Dios y muera a sí mismo".

Buena predicación, Cindy, pero difícil de seguir ese consejo.

Debí haber sabido que Dios me iba a dar la paliza que sobradamente merecía y, con toda seguridad, a la mañana siguiente el Espíritu Santo me estaba esperando. Durante mi tiempo a solas con el Señor abrí mi Biblia para leer y, ¡ay, empezó el castigo! Este fue el pasaje de la lectura para aquel día:

> Han oído la ley que dice: "Ama a tu prójimo" y odia a tu enemigo. Pero yo digo: ¡ama a tus enemigos! ¡Ora por los que te persiguen! De esa manera, estarás actuando como verdadero hijo de tu Padre que está en el cielo. Pues él da la luz de su sol tanto a los malos como a los buenos y envía la lluvia sobre los justos y los injustos por igual. Si sólo amas a quienes te aman, ¿qué recompensa hay por eso? Hasta los corruptos cobradores de impuestos hacen lo mismo. Si eres amable sólo con tus amigos, ¿en qué te diferencias de cualquier otro? Hasta los paganos hacen lo mismo. Pero tú debes ser perfecto, así como tu Padre en el cielo es perfecto.
>
> MATEO 5:43-48, NTV

Dios me estaba diciendo que necesitaba crecer para convertirme en una creyente madura. Me arrepentí completamente y, en aquel instante, el Señor fue aún más profundo y me dijo: "Cindy Jacobs, ¡realmente no entiendes en lo absoluto el mensaje de la cruz! No puedes concebir cómo Jesús pudo orar: 'Padre, perdónalos' en favor de los mismos que lo estaban crucificando".

Sabía que lo que el Señor me estaba diciendo era muy, muy cierto. Ni siquiera había comenzado a entender el mensaje de la cruz. Las raíces de amargura me habían dañado y me habían sacado de mi lugar de intercesión ante el trono hasta el punto de la autojustificación. Desde aquel día empecé a interceder fervientemente por aquella persona y continúo haciéndolo hasta hoy día, cuando el Señor me conduce a ello.

Esto me hace pensar en un importante axioma de la oración que aprendí del gran apóstol de oración, Dick Eastman: "Mi vida de oración nunca se irá por encima de mi vida personal con Jesucristo".[1]

La amargura nos impide hacer oraciones que no tengan estorbo y que produzcan las respuestas y los resultados que estamos pidiendo a Dios mediante nuestra intercesión.

Obstáculo #4:
El pecado sin confesar

El pecado sin confesar a menudo nos impide pasar tiempo con Dios en oración y la mayoría de las veces no estamos conscientes de que ese sea el problema. Como dije antes, hay ocasiones cuando estamos enojados con Dios y preferimos no hablar con Él en oración. Lo que es más, inconscientemente sabemos que si nos vamos a un lugar tranquilo para estar con Dios, puede que tengamos que abandonar aquel pecado que tenemos en nuestra vida.

En otras ocasiones, si bien deseamos tener una conversación satisfactoria con el Señor, nos damos cuenta de que no tenemos mucho que decirle. Simplemente nos sentamos allí con la mente en blanco, sin ser capaces de orar en lo absoluto.

Es por eso que es tan necesario tener tiempos regulares de tranquila introspección delante de Dios. En tales momentos, debemos permitir que el Espíritu Santo nos revele cualquier obstáculo que nos esté impidiendo orar, en especial aquellos que se relacionan con el pecado sin confesar.

Como afirmó Dick Eastman: "Si no dedicamos tiempo a esperar en el Señor y confesar cualquier brecha que haya en nuestra relación con Él, entonces la conciencia de los fracasos del pasado tiende a asediar nuestra mente cuando oramos. De repente nos sentimos irremediablemente indignos de ofrecer nuestras peticiones. El diablo ha ganado la victoria y muy pronto dejamos de orar por completo".[2]

¿Acaso no es bueno saber que Dios es fiel y justo para limpiarnos de toda maldad? (1 Juan 1:9). Muchos comparan la confesión con una cirugía espiritual: en el momento en que se hace duele, pero después nos sentimos limpios y completos al haberse quitado el cáncer del pecado.

Personalmente me encanta Santiago 5:16:

> Confesaos vuestras ofensas unos a otros, y orad unos por otros, para que seáis sanados. La oración eficaz del justo puede mucho.

Para nosotros es fácil citar la última parte de este pasaje que ofrece la promesa de mucho poder y resultados maravillosos, pero también hay momentos cuando necesitamos admitir el daño que hemos hecho a otros de modo que nuestras oraciones no tengan estorbo. Puede que no consideremos como pecado la falta de habilidad para confesar nuestras faltas, pero en la raíz de este problema está el pecado del orgullo espiritual.

A todos nos llega el momento en la vida cuando tenemos que salir de nuestro lugar de oración e ir a hacer una llamada telefónica para pedirle perdón a alguien. La parte difícil es que puede suceder que la persona delante de la cual nos estamos humillando puede que no nos perdone, ¡o que no acepte nuestro perdón! A pesar de que esto puede ocurrir, hemos limpiado nuestra conciencia delante del Señor y ya podemos esperar que nuestras oraciones reciban respuesta con mucho poder. Dios continuará tratando con la falta de perdón por parte de la otra persona.

La práctica de pedir perdón es uno de los ejercicios espirituales más poderosos y bíblicos que un cristiano puede hacer. A menudo la persona más madura en una relación será la primera en arrepentirse. No se trata de quién ha cometido el mayor pecado; es la relación en sí misma lo que es de gran valor.

Nuestros nietos son casi de la misma edad. Todos los varones tienden a querer ser los "reyes de la montaña", como decimos aquí en los Estados Unidos. Cuando están peleando, con frecuencia es difícil descubrir quién fue el culpable real en una situación.

Casi siempre comienza cuando uno de los niños dice: "¡Abuelita, él me golpeó!". En ese momento, tengo que usar todo mi discernimiento espiritual para determinar quién golpeo a quién en realidad y cuál es la verdadera víctima.

Casi siempre en el momento que me llaman para que sirva como árbitro, todo lo que veo es una masa de pequeños cuerpos revolcándose en el piso y golpeándose entre ellos. Tengo que admitir que, a pesar de que hay ocasiones cuando puedo discernir muy bien, ¡mi don parece que no funciona muy bien cuando estoy en mi papel de abuela! Después de separarlos y considerar la gravedad de las heridas y de los golpes, me esfuerzo por ser justa y llegar al fondo de la situación.

A menudo me doy cuenta de que todos tienen motivos para pedir perdón por alguna razón, a medida que trato de que asuman la responsabilidad por sus reacciones individuales. Creo que lograr que cada uno asuma su responsabilidad contribuirá a su crecimiento espiritual.

Como seguidores de Cristo, somos como nuestros nietos peleones en muchos sentidos; pocos de nosotros podemos permanecer sin culpa alguna cuando enfrentamos un conflicto.

Visto de otra manera, somos cómplices de alguna forma, ya sea por nuestras acciones o por nuestras respuestas a las confrontaciones y a las situaciones estresantes de la vida. Todos nosotros podemos crecer en la habilidad de volvernos más como Dios en nuestras acciones. Si bien puede que la situación no se haya elevado a un punto donde lleguemos a pecar, podemos crecer en la comunión con el Señor de modo que el fruto del Espíritu se manifieste en medio de una circunstancia desafiante.

Después que terminé de escribir el último párrafo, reflexioné en mi propia vida y sentí la necesidad de mejorar a la hora de permitir que el Espíritu Santo se manifieste a través de mí con los frutos del Espíritu, ¡especialmente en el área de la paciencia!

Obstáculo #5:
Las fortalezas de la mente

Uno de los mayores obstáculos para obtener respuesta a la oración proviene de las fortalezas de la mente. Tales fortalezas (o formas de pensar engañosas) pueden estar presentes tanto en la persona que está intercediendo como en aquella por la cual intercedemos. Me gusta la definición que usa Ed Silvoso para definir el concepto de fortaleza: una fortaleza es una manera de pensar llena de desesperanza que acepta como irremediable algo que la persona sabe que va en contra de la voluntad de Dios.

Yo definiría una fortaleza como algo que impide que se haga la voluntad de Dios en la tierra como en el cielo. Ambas definiciones juntas dan una idea bastante completa del concepto.

Me gusta la forma en que la *Nueva Traducción Viviente* presenta nuestra habilidad de lidiar con esta clase de obstáculo para obtener respuesta a la oración:

> Usamos las armas poderosas de Dios, no las del mundo,
> para derribar las fortalezas del razonamiento humano y

para destruir argumentos falsos. Destruimos todo obstáculo de arrogancia que impide que la gente conozca a Dios. Capturamos los pensamientos rebeldes y enseñamos a las personas a obedecer a Cristo.

2 CORINTIOS 10:4-5, NTV

Hay muchas fortalezas de la mente que asaltan nuestro pensamiento cuando venimos delante del Señor para orar por una situación personal. En la siguiente sección, examinaremos algunas de ellas.

Desconfianza en la bondad de Dios

La desconfianza en la intercesión tiene lugar cuando realmente no creemos que Dios contesta nuestras oraciones. Cuando estamos luchando por algo es esencial que nos detengamos y permitamos que el Espíritu Santo eche fuera cualquier pensamiento engañoso o negativo y que rindamos ante Él cualquier emoción que nos impida orar con fe. Por supuesto, si hemos sufrido decepciones cuando hemos sentido que estábamos orando con fe, esto podría ser la raíz de nuestra incapacidad de confiar en Dios. Necesitamos reenfocarnos en el hecho de que Dios se interesa tanto en nosotros como en la persona por la que estamos intercediendo.

Hace algunos años, me estaba costando mucho trabajo orar con fe y me estaba sintiendo muy deprimida. Finalmente le pedí al Señor que me mostrara lo que estaba mal. Esto es lo que recibí del Señor: "Cindy, la depresión es enojo congelado. Estás muy enojada conmigo debido a algunas circunstancias en tu vida".

Se supone que las "agradables chicas cristianas" no se enojan (¡sí, cierto!), de modo que estaba totalmente inconsciente de que estaba tan enojada tanto con Dios como con mi pasado. Pero a medida que continué orando, me di cuenta de que mi enojo fluía de profundas decepciones en mi pasado. Bastante sencillo, esperaba que ciertas cosas fueran en cierta dirección en mi vida y eso no había sucedido. Cuando ahora miro atrás a algunas de esas decepciones, sé que muchas de ellas no me molestarían en lo más mínimo en la actualidad. Sin embargo, en aquel entonces, debido a mi nivel de madurez espiritual, parecían enormes y de trascendental importancia.

Para avanzar y salir de mi enojo, le pedí al Señor que me ayudara a hacer una lista de las expectativas y los sueños que tenía que pensaba que debían haberse cumplido para aquel momento de mi vida. Muy despacio pero con seguridad, comencé a entregárselos a Dios. Me di cuenta de que algunas de las expectativas en mi lista no se hicieron realidad debido a elecciones que otras personas habían hecho. Y, por supuesto, algunos de los sueños incumplidos eran debido a elecciones que yo había hecho. A medida que analizaba cada punto de la lista, me detenía y, si era necesario, lloraba un poco. En algunos casos, de hecho, me quebranté y lloré y luego lo entregué todo a Dios.

Uno de los asuntos más importantes para mí había sido lidiar con las consecuencias de perder a mi padre cuando él solo tenía cuarenta y nueve años. Lamenté el hecho de que no hubiera estado allí cuando me casé con Mike o cuando nacieron nuestros hijos y nietos.

El hecho de que mi papá y pastor no estuviera en mi matrimonio había sido particularmente difícil, porque durante la mayor parte de nuestra vida tuvimos una broma muy dulce. Era algo como esto:

"Papi, ¿me vas a casar?", le preguntaba.

Él respondía: "Cariño, yo ya estoy casado; ¡pregúntale a tu mamá!". Cuando papá murió un mes antes de mi boda, mi corazón se destrozó. No obstante, así es la vida y la vida tiene que seguir, ¿cierto? ¡Bueno, para mí, fue algo muy, muy negativo!

Mientras oraba y lloraba otra vez por la pérdida tanto de mi papá como de mi sueño de niña, sentí que la dulzura invadía mi corazón. Otra cosa importante sucedió también: recuperé la confianza en mi Padre celestial. Esto añadió un nivel de confianza a mi vida de oración que no estaba allí antes.

Este punto conduce a un factor crítico en nuestro caminar como intercesores ante Dios: si no creemos que Dios es bueno, entonces no podemos orar con fe esperando que Él haga buenas cosas por nosotros a través de la respuesta a nuestras oraciones.

A continuación muestro algunas formas específicas de orar contras las fortalezas que se producen debido a la pérdida de expectativas:

1. Pase tiempo meditando en las Escrituras y pida al Espíritu Santo que le muestre cualquier área que no esté sana en las que pérdidas o expectativas incumplidas hayan afectado su pensamiento. En este sentido, medite en Proverbios 3:5–6:

Fíate de Jehová de todo tu corazón, y no te apoyes en tu propia prudencia. Reconócelo en todos tus caminos, y él enderezará tus veredas.

2. Haga una lista de las cosas que el Señor le muestre.
3. Tenga un tiempo ininterrumpido de oración. Haga de esto una prioridad en su vida. Es interesante cómo dedicamos tiempo a comer, a ir al médico para hacernos chequeos regulares y a llevar nuestro autos para que los revisen regularmente, ¡pero a veces somos haraganes para pasar tiempo con Jesús para una revisión espiritual! Sé que puede ser tremendamente difícil destinar aunque sea un día para la oración, especialmente si es un padre o madre soltera o trabaja a tiempo completo. No obstante, ¡es posible! Pida favores a la familia, a los amigos o a miembros de la iglesia para que cuiden a los niños

o "se queden a cargo" mientras usted se va por un día o incluso hasta una noche. Pasar tiempo con Dios nos da un nuevo nivel de confianza y fe para saber que nuestras oraciones serán respondidas.

Fortalezas de creencias erróneas

Hemos explorado un aspecto donde una fortaleza en la persona que está orando puede ser un obstáculo o un impedimento para la oración. Por supuesto, las fortalezas también pueden existir en la persona o la situación objeto de nuestra intercesión. A lo largo de este libro analizaremos diferentes aspectos de este tema, pero ahora me gustaría tratar un conjunto erróneo de creencias.

Lo que creemos forma nuestro punto de vista acerca del mundo: cómo vemos el mundo que nos rodea, cómo pensamos que dicho mundo debe operar y cómo pensamos que las personas deben actuar y creer. Y la forma como vemos el mundo tiene mucho que ver con la forma en que nos educan (es decir, con nuestros sistemas educacionales). Para decirlo brevemente, la forma en que nos enseñaron influye grandemente en nuestra forma de pensar. Aquí en los Estados Unidos, en particular durante los últimos cincuenta años, nuestro sistema educacional se ha estructurado empíricamente, dando gran valor al pensamiento científico por encima del entendimiento espiritual. De modo que no siempre vemos el mundo desde una perspectiva espiritual o real. Nuestra cultura tiende a descartar o a menospreciar el poder de lo sobrenatural en favor de las verdades basadas en la ciencia. Dicha forma de pensar solo puede traer como consecuencia que el poder de Dios se limite para moverse en la vida de alguien pero también puede provocar que nosotros (incluso sin darnos cuenta) dudemos de su habilidad para poder hacerlo.

Cuando una persona se cría en un ambiente donde lo que prima es la ciencia, su "coeficiente de inteligencia espiritual" puede sufrir. Mientras menos exposición haya a las cosas de Dios, más difícil resulta permanecer con una conciencia espiritual afinada. Y nuestro enemigo, Satanás, ama la ignorancia espiritual. Con el objetivo de abordar y derribar esa clase de obstáculos espirituales en la mente de la persona, necesitamos comprender que tenemos armas de guerra poderosas para nuestra disposición. También necesitamos hacer un diagnóstico espiritual de la situación pidiendo al Señor que nos revele las raíces de los pensamientos erróneos en la mente de la persona.

Tristemente, muchos cristianos e intercesores no conocen cómo lidiar con las artimañas que Satanás ha puesto en las mentes de la gente. ¡No podemos hacer oraciones persistentes que tengan resultados sin ocuparnos de nuestro factor de ignorancia! No solo eso, sino que en las Escrituras se nos ordena que no ignoremos estas artimañas.

En su libro ampliamente conocido, *La oración intercesora,* Dutch Sheets destaca la advertencia que Dios nos da en las Escrituras con respecto a no ser ignorantes de las estratagemas del enemigo. Dutch hace referencia al siguiente pasaje para fundamentar sus ideas:

Nuestra ignorancia de Satanás y sus tácticas, así como de la manera para lidiar con ellas, nos cuesta bastante. La segunda carta a los Corintios 2:11 nos dice: "Para que Satanás no se aproveche de nosotros. Pues ya conocemos sus maquinaciones malignas" (NTV). El contexto es el perdón, pero en este versículo se revela también un principio general. La palabra "ignorante" es la palabra griega "agnoeo". Significa sin conocimiento o comprensión de algo.[3] La palabra "agnóstico" se deriva de este término griego. Otra palabra que proviene de la misma raíz es "ignorar". En este versículo se nos ordena que no seamos ignorantes o agnósticos, sin comprensión, en lo que se refiere al maligno.[4]

Dutch continúa explicando que no podemos ser ignorantes porque Satanás se aprovechará de nosotros si lo somos. Estimado amigo, Satanás no solo se aprovechará de nosotros si somos ignorantes sino que también se aprovechará de aquellos que amamos y de aquellos por los que estamos orando. De hecho, ¡muchas o la mayoría de las personas por las que estamos intercediendo ya han sido víctimas de los engaños de Satanás! Ya que Dios no quiere que seamos "agnósticos" o ignorantes de las artimañas de Satanás, tiene sentido que Satanás siembre pensamientos agnósticos en las mentes de aquellos que amamos. Estos pensamientos agnósticos tienen una inspiración demoniaca y son fieros dardos que el enemigo dispara a nuestra mente. Tales pensamientos erróneos conducen a las personas a dudar que Jesús sea Dios o simplemente a dudar de la misma existencia de Dios.

Las armas de atar y desatar

¿Cómo luchamos contra estos pensamientos que están en la mente de una persona? Puede estar seguro de que es posible demoler estas fortalezas y Dios nos ha dado las "armas" para derribarlas. Una poderosa herramienta para derribar las fortalezas se encuentra en el principio bíblico de atar y desatar. Escribí ampliamente acerca de este tema en mi libro *Conquistemos las puertas del enemigo,* pero brevemente hablaré sobre esto aquí otra vez, ya que es una herramienta muy importante cuando lidiamos con el agnosticismo. A continuación presentamos el versículo clave para tratar este tema:

> De cierto os digo que todo lo que atéis en la tierra, será atado en el cielo; y todo lo que desatéis en la tierra, será desatado en el cielo. Otra vez os digo, que si dos de vosotros se pusieren de acuerdo en la tierra acerca de cualquiera

cosa que pidieren, les será hecho por mi Padre que está en los cielos.

MATEO 18:18-19

En esencia, "atar" es una oración de guerra que se pronuncia para contrarrestar algo que no es de Dios y "desatar" es orar para que todo el fruto y el fluir del Espíritu Santo se hagan presentes en una situación.

En primer lugar, dese cuenta de que hay fortalezas de agnosticismo que deben ser atadas con el objetivo de restaurar la habilidad de la persona de escuchar la voz de Dios atrayéndoles y revelándoles su verdad. Satanás enceguece el entendimiento de los incrédulos (2 Corintios 4:4) para que no les resplandezca la luz o la verdad del evangelio.

A continuación mostramos cómo sería una oración de atadura en este caso:

Jesús, ato al enemigo en esta situación y le digo, en el nombre de Jesús, que tiene prohibido enceguecer los ojos y el entendimiento de _____ a través del agnosticismo, para que no vea la gloriosa verdad del evangelio.

Hay ocasiones en que la fortaleza se arraiga profundamente y la batalla en oración requerirá más de un arma de guerra. Como señala Jesús en Marcos 9:29 (creo que está mal la cita), a veces es fundamental combinar nuestras oraciones con un tiempo de ayuno. Hablaré más sobre esto en el capítulo siguiente a medida que ampliemos nuestro estudio sobre la oración persistente y aprendamos sobre la autoridad que tenemos a través de Cristo en la oración.

Todos tenemos amigos y seres queridos que luchan con pensamientos agnósticos, incluyendo a aquellos que están ciegos a la verdad de que Jesús es Dios o que no creen que Jesús sea el único camino al cielo. Cuando ore por esos seres amados, lo animo para que continúe en el camino de la persistencia, orando para que regresen a Cristo y vean la verdad, a pesar de que parezca que ya ha orado durante mucho tiempo. Esto resultó ser cierto en el caso de mi cuñado, Mark.

Mark provenía de una familia presbiteriana. Su familia era lo que nosotros aquí en Texas llamamos "sal de la tierra", personas que dependían de Dios y trabajaban para Él. El humanismo se tragó a Mark en la universidad y, al mismo tiempo, las decepciones de la vida lo llevaron a dudar. En realidad nunca llegó al punto de negar la existencia de Dios; en resumen, era un cuadro típico de agnosticismo.

A lo largo de los años, Mark y yo nos sentimos incómodos el uno con el otro durante varias épocas. (Cosa que ya no sucede en lo absoluto.) Tomé la decisión de que tenía que orar por él de manera consistente y a orar me dediqué, durante seis largos años.

Durante aquellos años, combiné las armas espirituales de la oración y el ayuno, y oraba y ayunaba una y otra vez. Pasó un año y luego otro y las cosas no parecían mejorar. Mike y yo hablábamos con Mark de vez en cuando, pero la mayoría de las veces nuestras conversaciones no terminaban bien. No estoy diciendo que fuera culpa de él como persona; por supuesto, no estábamos luchando contra sangre y carne. Había fuerzas de la oscuridad que tenían mucho miedo de que Mark Reithmiller viniera a Cristo.

Lucy tuvo primero su dramático encuentro con el Señor pero, con su trasfondo científico, Mark simplemente no podía entender que Dios realmente existía y que su hijo era Jesucristo. No obstante, había algo dulce en la batalla en aquel entonces: mi hermana estaba luchando hombro a hombro conmigo orando por Mark.

Lo bueno es que Dios es muy capaz de lidiar con casos difíciles como el de Mark. Algunas personas parecen necesitar una visita sobrenatural de Dios completamente fuera de lo que el entendimiento natural puede comprender. Ese era el caso de Mark.

Una noche, aparentemente sin ningún motivo, una voz despertó a Mark. Era la misma voz que Saulo había escuchado en el camino a Damasco. "Mark, yo soy aquel a quien tú te resistes. ¡Yo soy Dios!". La habitación de Mark se iluminó con una luz brillante y en aquel momento supo que Jesús era el único camino al cielo y que también era Dios.

¿Alguna vez se ha percatado de que Dios en ocasiones puede ser un tanto dramático? Lo gracioso es que mi hermana dormía mientras todo aquel encuentro estaba teniendo lugar. A partir de ese día, Mark entregó su vida a Jesucristo y se hizo cristiano.

Una de las más poderosas citas que he escuchado acerca de la oración persistente es de George Muller, que dijo:

> El punto es nunca desistir hasta que venga la respuesta. He estado orando durante sesenta y tres años y ocho meses por la conversión de un hombre. Todavía no es salvo pero lo será. No puedo imaginármelo de otra manera...estoy orando.

Llegó el día cuando el amigo de Muller recibió a Cristo. No tuvo lugar hasta que el ataúd de Muller fue puesto en la tierra. Allí, cerca de la tumba abierta, este amigo entregó su corazón a Dios. Las oraciones de perseverancia habían ganado otra batalla. El éxito de Muller puede resumirse en dos palabras poderosas: *No desistió.*[5]

⋙ Capítulo cinco ⋘

El ayuno

Cuando tenía casi treinta años, sentí un hambre muy grande de Dios y comencé a devorar libros cristianos que sentía que me iban a ayudar espiritualmente. Un tema que me parecía particularmente interesante era el ayuno.

¡Ayunar!, pensaba. *¿Eso significa que no comen nada?* Por aquel entonces escuché a mi pastor recomendar una concordancia de la Biblia, de modo que le pedí a Mike que me comprara una por mi cumpleaños. Una de las primeras palabras que busqué fue *ayuno*. Leí las referencias de las Escrituras con profundo interés. Sobre este tema, el pasaje de las Escrituras que más me impresionó por encima del resto fue Isaías 58:6:

> ¿No es más bien el ayuno que yo escogí, desatar las ligaduras de impiedad, soltar las cargas de opresión, y dejar ir libres a los quebrantados, y que rompáis todo yugo?

Después de leer este y otros pasajes de las Escrituras, decidí que necesitaba ayunar. De modo que así lo hice: *no desayuné*. Alrededor de las diez de la mañana las manos me temblaban y me sentía débil. Mi cuerpo estaba enojado conmigo y pensaba que lo estaba dejando morir de hambre. A las once, me sentí aún peor y pensé que podía morir. Es probable que ya se haya imaginado que almorcé justo a las doce.

Al reflexionar acerca de mi desafortunada introducción al ayuno, tomé decisiones muy buenas. En primer lugar, fui y compré mi primer libro sobre el tema, *El ayuno escogido por Dios* escrito por Arthur Wallis. En realidad no sabía lo que estaba haciendo, pero ahora sé que el Señor me estaba guiando a uno de los mejores y más compresibles libros sobre el tema. En segundo lugar, supuse que mi cuerpo no estaba en buena forma si no podía saltarme más de una comida ¡sin temblar de pies a cabeza! De modo que enseguida salí y compré unas vitaminas muy buenas y comencé una dieta saludable.

Después encontré otro poderoso versículo relacionado con el ayuno:

> Sino que golpeo mi cuerpo, y lo pongo en servidumbre, no sea que habiendo sido heraldo para otros, yo mismo venga a ser eliminado.
>
> 1 Corintios 9:27

Después de mi primer intento de ayunar, reconocí que en la batalla de mi carne y su deseo de comida contra mi deseo de Dios, la comida definitivamente era la triunfadora. De hecho, debido a que nunca me había abstenido de comida con el propósito de ayunar, mi carne ganó la primera ronda. Ahora me doy cuenta, sin embargo, que como cristiana necesitaba *someter* mi carne o, como lo dice otra versión, *aporrearla* para sujetarla a Dios. *Aporrear* es una palabra muy fuerte. Un sinónimo es *zarandear*. Por supuesto, damos por sentado que no estamos hablando de castigar físicamente al cuerpo.

Este es el punto espiritual que quiero dejar claro: Una de las formas principales en que nosotros como creyentes experimentamos la victoria y el crecimiento espiritual es a través de la oración combinada con el ayuno.

El llamado del cristiano a ayunar

En cierta ocasión alguien me preguntó si yo pensaba que el cristiano tenía el deber de ayunar. Mi respuesta fue que sí. Si usted no puede abstenerse totalmente de comida debido a asuntos de salud, existen maneras alternativas de "golpear" su cuerpo y disciplinarlo para ponerlo en servidumbre. Un cuerpo físico que se disciplina mediante el ayuno es un signo de una vida espiritual disciplinada.

La disciplina espiritual mediante el ayuno es uno de los fundamentos de la vida cristiana. Mientras vuelvo a leer las palabras que acabo de escribir, me sorprendo al pensar que no haya seguido esta importante disciplina bíblica antes de mis treinta años. Llevando este pensamiento un poco más allá, me doy cuenta también de que a muchos cristianos no les han enseñado el arte del ayuno en su vida espiritual o nunca han asumido este reto espiritual presente en las Escrituras.

A medida que he estudiado las vidas de muchos líderes cristianos, me he dado cuenta de que aquellos que considero mis héroes espirituales ayunaban de manera regular. El guerrero de oración galés Ree Howells es uno de mis "mentores en la historia" sobre la oración intercesora. A continuación describo por lo que tuvo que pasar mientras sometía su carne a un tiempo de ayuno, según el autor Norman Grubb:

> Fue en una ocasión en la que sintió una gran carga debido a una cierta convención que estaba siendo destrozada por ataques del enemigo. El Señor lo llamó a un día dedicado a la oración y el ayuno, lo que era algo nuevo para él. Acostumbrado como estaba a una casa confortable y a cuatro comidas diarias, lo impactó el hecho de que debía estar sin comer y se preguntaba: ¿será que solo es por esta vez? ¡Supongamos que Dios me pide que lo haga cada día!

Al llegar el mediodía estaba de rodillas en su habitación, haciendo un esfuerzo para orar. "No podía imaginarme que había tanta lujuria en mí", dijo después. "Mi agitación era la prueba de lo mucho que me estaba costando. Si no me estaba dando poder, ¿para qué tenía que hacerlo?" A la una la mamá lo llamó y él le dijo que no iba a almorzar. Pero lo llamó otra vez, como lo suelen hacer las madres y le dijo: "No te tomará mucho tiempo almorzar". El agradable aroma que subía de la cocina fue demasiado para él y bajó. Pero, después de almorzar, cuando regresó a su habitación, no pudo regresar a la presencia de Dios. Se enfrentó cara a cara con la desobediencia al Espíritu Santo. "Me sentí como el hombre en el Jardín del Edén. Subí a la montaña y caminé durante horas, maldiciendo al viejo hombre dentro de mí"...Después de eso, durante muchos días no cenó, sino que pasó esa hora con Dios. Como dijera más tarde: "En el momento en que gané la victoria, pensé que no había sido demasiado difícil...Es cuando todavía quieres algo que no puedes sacar tu mente de ello. Cuando lo has superado, puede que Él te lo regrese; pero entonces ya no te interesa tanto".[1]

Mantenerse bajo disciplina personal es muy importante para la vida espiritual de la persona; el ayuno no solo produce una victoria espiritual sino que también sirve para purificar su vida.

El ayuno y la pureza espiritual

Me resulta particularmente triste ver líderes espirituales que caen en pecados de la carne. Me da la impresión de que, con frecuencia, hay una relación directa entre el poder para vencer tentaciones como el pecado sexual y una vida de ayuno. Cuando uno controla el apetito físico, la autoridad que se gana a través de esa disciplina espiritual se extiende para darnos poder sobre otros tipos de tentaciones también.

Como cristianos, necesitamos aprender a controlar nuestros apetitos de modo que no quedemos descalificados como testigos para la obra del ministerio. Esto se encuentra presente en las Escrituras en 1 Corintios 9:27, cuando el apóstol Pablo dice que él disciplina su cuerpo para traerlo a sujeción.

El punto es este: Aquello que nos gobierna en lo físico más que la voluntad y la Palabra de Dios tiene el potencial de, en alguna medida, mantenernos alejados de caminar con Dios de la mejor forma.

Un día fui a la cocina para hacer mi té helado de la mañana. Sé que la idea de tomar una bebida helada como desayuno puede no gustarle a muchas personas, pero recuerde que yo soy de Texas y el té helado es, para la mayoría de nosotros, la bebida preferida. Lo tomo incluso si hay una tormenta de nieve afuera. Justo en medio de mi ritual de hacer té, dentro de mí escuché al Señor decir: "Cindy, no puedes dejar que el té helado te domine, ni tampoco la cafeína. Abstente de tomarlo durante tres días".

"¿Tres días sin té helado? ¡No hay problema!", contesté alegremente. ¡Soy una mujer sometida a Dios y ninguna fría bebida del estado de Texas iba a apoderarse de mí! Ay, pero estaba equivocada, realmente equivocada. Al final del primer día quería un vaso de té y tenía que ser frío. Al final del segundo día tenía un terrible dolor de cabeza y me lo hubiera tomado sin hielo. ¡El tercer día habría matado por una bolsa de té, o me habría tomado cualquier sobra de té viejo!

Desde aquella valiosa lección, trato de ser sensible al Señor cuando mi cuerpo necesita ser puesto bajo sumisión. Por ejemplo, hay ocasiones en que Dios me ha llamado a abstenerme de cosas específicas como el chocolate, el café e incluso, el helado. Una vez Mike y yo pasamos treinta y cinco días sin comer dulces ni bebidas dulces. Creo que eso es casi tan difícil como no comer en lo absoluto. El ayuno de Mike en ese estilo continuó durante dos años.

Ciertas clases de comidas y bebidas son como apoyos en momentos de estrés. A veces aquí en Texas la llamamos "comida reconfortante". No es malo que disfrutemos la comida reconfortante, simplemente no podemos permitir que el apetito por ellas nos controle.

Las recompensas del ayuno

Sé que algunos de ustedes ya estarán empezando a arrepentirse de haber comenzado a leer este capítulo. No crea que me es fácil escribirlo. De hecho, en ocasiones la idea de ayunar sin mi postre favorito, el helado Blue Bell, me golpea duramente en mi zona de comodidad en lo que respecta a la comida. Una vez hubo un fuego en Brenham, Texas, donde se encuentra la fábrica de helados Blue Bell. Y aunque parezca burdo, en las conversaciones que escuchaba no primaba la preocupación por las personas del pueblo, ¡todos querían saber simplemente si la fábrica Blue Bell había sobrevivido!

A veces cuando sé que voy a ayunar, hago un recorrido por la sección de alimentos congelados del supermercado y agarro un par de galones de Blue Bell de vainilla hecho en casa. Regreso a casa, los pongo en la nevera y digo: "Los veo después". ¡Qué rico! Es la mejor recompensa después del ayuno.

Según Isaías 58:5, ayunar es dedicar un día para afligir la carne. Estoy totalmente de acuerdo con esa afirmación. Un día durante un largo ayuno, mientras caminaba por las calles de mi ciudad, dije en voz alta: "¡Dios, tu Palabra está en lo cierto! Mi alma se está sintiendo realmente afligida". En vez de sentirme más espiritual, estaba soñando con la comida y pensando acerca de no pensar en la comida.

Dejando las bromas, hay recompensas espirituales que se obtienen con el ayuno y muchos de los líderes espirituales más poderosos han hecho de esta disciplina una parte esencial de sus vidas. Ayunar lo coloca al lado de grandes líderes cristianos que están en el Salón de la Fama de Dios, tales como los hombres del famoso Club Santo de la Universidad de Oxford, comenzando por los hermanos Wesley, John y Charles.

A los jóvenes del club los llamaban burlonamente "Metodistas" porque de manera sistemática trataban de servir a Dios cada hora del día. Servían a través de la filantropía para con los pobres, viviendo bajo un presupuesto establecido sin importar cuánto incrementaran sus fortunas personales, celebrando la Santa Cena con frecuencia y ayunando los miércoles y los viernes hasta las seis de la tarde.[2] Tres de los miembros más notables del Club Santo fueron John y Charles Wesley y George Whitefield.

Cuando John Wesley ordenó a Francis Asbury como el primer obispo metodista de los Estados Unidos, a ningún ministro metodista se le permitía predicar a menos que ayunara cada semana.[3]

Creo que Dios va a usar a muchos jóvenes estudiantes universitarios en la actualidad para formar Clubes Santos enfocados en la oración y el ayuno cuando intercedan por sus escuelas.

¿Todavía no lo he convencido de que necesita ayunar? Hay ciertas respuestas a la oración que nunca veremos a menos que combinemos la oración con el ayuno. Note que Jesús dijo: *"cuando ayunes"*, no "si ayunas" (Mateo 6:16-17). Bíblicamente, el ayuno no es algo opcional en la vida de un cristiano.

En ocasiones las personas se me acercan y me dicen: "He orado y orado pero no he visto la respuesta a mi oración". Y les pregunto: "¿Han ayunado?". Si lo han hecho y no han visto la respuesta, entonces les digo: "Bueno, ayune y ore un poco más".

Es esencial recordar que los poderes de la oscuridad batallan contra nuestras oraciones con el objetivo de que estas no reciban respuesta. Este fue el caso de Daniel:

> Entonces me dijo (el ángel): Daniel, no temas; porque desde el primer día que dispusiste tu corazón a entender y a humillarte en la presencia de tu Dios, fueron oídas tus palabras; y a causa de tus palabras yo he venido. Mas el príncipe del reino de Persia se me opuso durante veintiún días; pero he aquí Miguel, uno de los principales príncipes, vino para ayudarme, y quedé allí con los reyes de Persia.
>
> Daniel 10:12-13

En el momento de esta visitación angelical, Daniel había ayunado durante tres semanas completas (Daniel 10:2-3). También sabemos que Daniel vivió una vida de disciplina y abstinencia porque, junto con los otros príncipes hebreos, se negó a comer las ricas comidas de Babilonia. ¡Ay, si se levantara una generación que se atreviera a ser como Daniel en la sociedad de hoy! Mi oración es que muchos líderes jóvenes vivan una vida de ayuno de modo que puedan influir en su propia Babilonia moderna.

Algunos movimientos juveniles, tales como *The Call* [El Llamado], han llamado a ayunos de cuarenta días en los que los estudiantes dan su almuerzo a otro estudiante que puede que tenga hambre. Hace unos años, un grupo de jóvenes que incluía a adolescentes hasta de trece años hizo un ayuno prolongado mientras oraban por los Estados Unidos y por el fin del aborto. Mi hijo, Daniel, ha hecho varios ayunos anuales en los que solo come vegetales durante veintiún días con el objetivo de caminar en su destino como un Daniel.

Formar una vida de ayuno

Además de ayunar para "aporrear" el cuerpo y mantenerlo en la sintonía espiritual correcta, hay muchas otras bendiciones que se producen como resultado del ayuno. Recomiendo que cada creyente vida una vida de ayuno, ayunando de manera regular como una disciplina espiritual. De hecho, eso fue lo que hicieron los miembros del Club Santo. A medida que entre a la vida de ayuno, se dará cuenta de que tiene un estado espiritual óptimo y que es capaz de lidiar con las crisis de la vida de manera proactiva, en vez de estar siempre en ascuas desde el punto de vista emocional y espiritual. Cuando ocurre una crisis, no le será tan difícil dedicar un poco más de tiempo a su disciplina semanal de ayunar.

Muchas personas que trabajan en el campo de la nutrición proclaman el poder curativo de vivir una vida de ayuno. Plutarco, el famoso filósofo y biógrafo griego (aproximadamente 46-120 BC), afirmó: "En vez de usar medicina, ayune durante un día".

En los últimos años, expertos calificados de Europa, Estados Unidos y Gran Bretaña han llevado a cabo investigaciones en la rama de la terapia natural de Plutarco y se han obtenido muy buenos resultados en clínicas donde se practica "el ayuno que cura" (como a veces se le llama).[4]

Ayunar conjuntamente con otros

Durante varias épocas de nuestra vida, Mike y yo hemos acordado entrar en un ayuno todos los miércoles por la mañana para enfocarnos en la oración por cada uno de nuestros hijos. En otras ocasiones nos hemos unido a otros grupos para ayunar y orar por nuestra nación los primeros viernes de cada mes.

Me encanta este tipo de acuerdos para ayunar, ya que multiplica la fortaleza del ayuno debido a las personas que están ayunando. Además, hay un entrelazamiento de los corazones y los propósitos que constituye una alegría añadida. Cierto número de iglesias con las que me relaciono, incluyendo la mía, Trinity Church de Cedar Hill, Texas, comienzan el año con un ayuno. Hemos visto grandes victorias que se han obtenido gracias al ayuno colectivo.

En Louisville, Kentucky, el pastor Bob Rodgers, cuya iglesia comienza cada año con un ayuno de veintiún días, resalta los beneficios del ayuno colectivo:

1. Ayunar conjuntamente con otras personas nos motiva a no quebrantar el ayuno antes de tiempo. El pastor Bob sugiere que esto funciona según el antiguo adagio: Desgracia compartida, menos sentida.
2. Ayunar durante los meses de enero y febrero de cada año trae unidad a la familia y ayuda a prevenir la violencia doméstica y los rompimientos en la familia que prevalecen durante estos dos meses. También mitiga las divisiones en las iglesias, que a menudo ocurren por esa época.
3. El ayuno produce victorias colectivas. Cuando una persona en un grupo recibe una victoria, todo el grupo la recibe junto con ella.[5]

También me encanta el hecho de que Bob y su iglesia reclaman victorias colectivas para su congregación de las siguientes formas:

- Una pérdida de peso permanente a partir del ayuno
- Un incremento del 25% de las ganancias durante ese año
- El regreso de hijos pródigos al Señor
- La salvación de las familias
- La sanidad de enfermedades incurables

La duración más común de un ayuno corto es tres días. Muchas personas creen que esto es lo que más les ayuda para ver victorias espirituales, en vez de un ayuno largo.

Mi creencia personal es que, al menos una vez en la vida, debemos entrar en un ayuno más largo, ya sea de veintiún o hasta cuarenta días. A menudo, aunque no siempre, a este tipo de ayuno se le conoce como ayuno "a partir de un llamado". Con esto quiero decir que significa que usted está ayunando debido a una clara convicción y llamado del Señor. En ese caso, usted recibirá gracia especial de Él para sostenerse durante ese tiempo. Y como dije antes, hay muchos tipos de ayunos largos (es decir, ayunos en los que no se comen dulces, el ayuno de Daniel [solo vegetales], etc.).

Ayunar con sabiduría y de manera saludable

Antes de enrolarse en un ayuno, es importante usar la sabiduría y la cautela. Por ejemplo, una mujer que está esperando un hijo no debe ayunar, ya que su cuerpo está proveyendo nutrientes esenciales a la criatura que está creciendo dentro de ella. Otras personas con problemas de salud, tales como la diabetes, pueden preguntar a Dios qué clase de ayuno pueden llevar a cabo para participar de esta disciplina espiritual sin poner en peligro su salud y su vida. Es sabio y prudente consultar a un médico si tiene preguntas o dudas acerca de lo que su cuerpo puede sobrellevar. Sin embargo, tenga la seguridad de que Dios no lo llamará a ayunar si esto va a dañar su salud o su metabolismo. Personalmente, tengo amigos que hicieron tantos ayunos de cuarenta días que sus cuerpos se volvieron al "modo de supervivencia" y a partir de ese momento tuvieron problemas para perder peso.

Ya que tengo la convicción de que al menos un ayuno largo de alguna clase profundiza grandemente la condición espiritual de la persona, es importante saber cómo ayunar con responsabilidad. Dicho de manera simple, Dios no desea que nosotros dañemos nuestros templos físicos. Con esa misma idea, debido a mi cronograma de viajes, a menudo uso bebidas proteicas en la mañana cuando estoy en un ayuno de solo líquidos para mantener mi resistencia física.

Ayunar es un ejercicio espiritual y puede compararse con el ejercicio físico. Así como una persona necesita construir de manera gradual su fortaleza muscular, debe hacer lo mismo cuando se prepara para un ayuno. Tal vez usted es como yo solía ser a mis veinte años, cuando todavía no había ayunado. ¡Se acuerda cómo le conté acerca de la protesta de mi cuerpo por saltarme tan solo una comida! Comience dando pasos de bebé, comenzando por saltar una comida o dejar de comer un día y luego, según el Señor lo guíe, prepárese para un ayuno más largo. En su gracia, no creo que Dios llamaría a una persona a un ayuno de cuarenta días como regla, ¡si nunca ha ayunado ni un día de su vida!

Cuando llevaron a Daniel cautivo a Babilonia, se negó a comer la deliciosa comida del rey y a beber el vino real. Hay una serie de posibles razones por la que Daniel escogió no participar de las comidas que encontró en Babilonia. Dos de ellas pudieron haber sido que las comidas que les ofrecieron no estaban preparadas al estilo de las comidas judías, o que la comida había sido dedicada o sacrificada a los ídolos de Babilonia.

Independientemente de la razón que Daniel haya tenido para abstenerse, esta disciplina lo preparó para los largos ayunos que más tarde haría en su vida. En Daniel 9:3, vemos que Daniel ayunó y se afligió por los pecados de su pueblo para que pudieran ser libres de la cautividad. Luego Daniel 10:2-3 nos dice que ayunó tres semanas completas sin comer comidas agradables, carne o vino. Su habilidad para ayunar y orar durante un período de tiempo más largo era evidente y dio como resultado el logro de victorias espirituales al obtener la sabiduría y el entendimiento que estaba anhelando.

Note la sabiduría de Dios (1 Reyes 17:1-16) al enviar el profeta Elías a la viuda para que le ofreciera una dieta simple de pan y aceite después de haber vivido gracias a un poco de comida que le traían los cuervos. ¡El Señor pudo haberlo enviado al palacio de un rey si hubiera querido!

Prepararse para ayunar

1. Comience a disminuir la cantidad de comida que suele comer. Coma alimentos simples y en menor cantidad. Esto preparará su cuerpo y comenzará a reducir su estómago.
2. Comience a disminuir los líquidos de los que se va a abstener, tales como las bebidas que contengan cafeína (café, té o soda). Esto le ayudará a evitar los usuales dolores de cabeza del segundo día.
3. Pida al Señor que le indique el tipo de ayuno que debe seguir (por ejemplo, parcial, como por ejemplo el ayuno con vegetales [el ayuno de Daniel], o el ayuno total [con agua o jugo solamente]).
4. Pregunte al Señor sobre la duración del ayuno.
5. Determine la razón por la que está ayunando (¿por quién y para qué está orando?).
6. Haga una lista de las cosas que quiere que sucedan durante ese tiempo de ayuno.

Terminar el ayuno

Es muy importante terminar el ayuno de manera gradual. Personalmente conozco personas que se enfermaron seriamente porque asumieron una dieta normal después de un ayuno largo. Un amigo comió comida china después de un ayuno de cuarenta días ¡y terminó en la sala de emergencias! Además, he escuchado historias de personas que de hecho murieron cuando comieron una dieta completa después de un largo período de ayuno. A continuación explico algunas formas en las que personalmente termino un ayuno largo:

1. Luego de un ayuno de tres o más días, comienzo con sopa aguada o algún tipo de sopa suave como primera comida.
2. Si mi organismo la tolera bien, en la siguiente comida como vegetales ligeros, tales como puré de papas o vegetales verdes cocinados.
3. Casi siempre durante el segundo o tercer día, como una comida con algún tipo de carne, sin comer todavía comidas picantes.

Beneficios del ayuno

Las Escrituras relatan muchos beneficios del ayuno; por tanto, la siguiente lista está lejos de ser exhaustiva. Anteriormente cité el libro de Bob Rodgers *"101 Razones para ayunar"*. A continuación listo seis razones. Obviamente mis selecciones incluyen las que considero clave para obtener victorias a través de la oración y el ayuno. He añadido mis comentarios debajo de cada punto.

1. Quitar obstáculos espirituales

Hay épocas cuando estamos orando y pareciera que nada cambia con respecto a la situación actual. Por ejemplo, cuando estamos enfrentando una montaña de deudas o estamos lidiando con otros obstáculos difíciles de derribar. Cuando nuestras oraciones no nos están dando la victoria, necesitamos combinarlas con el ayuno, tal como Jesús instruyó a sus discípulos en Mateo 17:20-21:

Jesús les dijo: Por vuestra poca fe; porque de cierto os digo, que si tuviereis fe como un grano de mostaza, diréis a este monte: Pásate de aquí allá, y se pasará; y nada os será imposible. Pero este género no sale sino con oración y ayuno.

2. Necesidad de sanidad

Ayunar es una manera bíblica de recibir sanidad, como lo dice Isaías 58:8: "Entonces nacerá tu luz como el alba, y tu salvación se dejará ver pronto; e irá tu justicia delante de ti, y la gloria de Jehová será tu retaguardia".

3. Cuando enfrentamos calamidades

Por ejemplo, si se encuentra en medio de una crisis económica seria o ha sido víctima de alguna calamidad natural.

4. Para escuchar la voz del Espíritu Santo

El Espíritu Santo dijo a los profetas y maestros de Antioquía mientras ayunaban y oraban que debían apartar a Pablo y a Bernabé para el ministerio (Hechos 13:1-3).

5. Para tener provisión para los pobres

Ayunar es muy importante cuando alguien tiene un llamado para lidiar con situaciones sociales, tales como alimentar a los pobres. Como punto de partida, aquellos con este tipo de llamado pueden ayunar y donar el dinero que, de otra manera, habrían empleado en comida (Isaías 58:7).

6. Ayunar por un avivamiento y reforma nacional

Hay momentos en la historia de una nación cuando la degradación moral es tan grande que se necesita un milagro sobrenatural para detener el caos y traer justicia. Muchas naciones del mundo, como por ejemplo los Estados Unidos, necesitan un avivamiento y una reforma. Si bien muchos están ayunando y orando por los Estados Unidos, todavía necesitamos más intercesión para ver esta nación encaminarse a la justicia. Parte de nuestro rol como cristianos es pararnos en la brecha por nuestras naciones a través de la oración y el ayuno. El profeta Joel habla poderosamente sobre este llamado al ayuno y la oración con el objetivo de producir arrepentimiento en las personas y las naciones:

> "Por eso pues, ahora, dice Jehová, convertíos a mí con todo vuestro corazón, con ayuno y lloro y lamento. Tocad trompeta en Sion, proclamad ayuno, convocad asamblea".
>
> JOEL 2:12, 15

Orar y ayunar por una nación

Algunos presidentes de los Estados Unidos han comprendido su rol como líderes nacionales y han llamado a ayunar y orar por la nación. Ellos comprendieron la necesidad de buscar las misericordias del Dios viviente. Uno de esos presidentes fue Abraham Lincoln, quien emitió la siguiente proclamación, solicitada por el Senado durante la Guerra Civil:

> *Por cuanto el Senado de los Estados Unidos reconoce devotamente la Suprema Autoridad y el Gobierno Justo del Dios todopoderoso en todos los asuntos de los hombres y de las naciones, por resolución ha solicitado al Presidente que designe y aparte un día para Oración Nacional y Humillación [Ayuno].*
>
> *Y por cuanto es el deber de las naciones, así como de los hombres, reconocer su dependencia del poder absoluto de Dios, confesar sus pecados y sus transgresiones, en humilde lamento pero, a la vez, con la esperanza*

*segura de que el arrepentimiento genuino conducirá a
la misericordia y el perdón; y reconocer la verdad sublime, que anuncian las Santas Escrituras y toda la historia la comprueba, que solo son bendecidas las naciones
cuyo Dios es el Señor.*

*Al hacer todo esto, en sinceridad y verdad, descan-
semos humildemente en la esperanza que las enseñanzas divinas autorizan, de que el lamento unido de la
nación se escuchará en las alturas y será respondido con
bendiciones, tan grandes como el perdón de los pecados nacionales y la restauración de nuestro actualmente
dividido y sufrido país a su anterior condición de felici-
dad, con libertad y paz.*[6]

Históricamente, otros líderes de los Estados Unidos han comprendido de manera personal la importancia de ayunar y orar
por la nación. George Washington ayunó cuando la Cámara de
los Ciudadanos en Virginia se lo pidió. Su diario personal dice
lo siguiente: *"Fui a la iglesia y ayuné todo el día. 1 de junio de
1774".*[7]

El Señor anhela encontrar líderes tan piadosos en la actualidad: hombres y mujeres que llamen a su pueblo a la oración y
el arrepentimiento. Creo que hay muchos Daniel, José y Débo-
ra a los que Dios está llamando hoy para que se postulen para
los puestos del gobierno y un día puedan declarar otra vez tales
proclamaciones.

Al terminar este capítulo, quiero insistir en el hecho de que
dista mucho de ser una guía completa sobre el ayuno, sino más
bien un punto de comienzo para potenciar su vida de oración
al combinarla con el ayuno. Si está interesado en aprender más
sobre este tema, hay muchos buenos libros sobre el ayuno, que
incluyen *Abriendo una brecha espiritual por medio del ayuno* de
Elmer L. Towns, (Unilit, 1999).

La disciplina espiritual del ayuno es una de las armas más importantes y poderosas en nuestro arsenal espiritual y en el próximo capítulo aprenderemos cómo orar la Palabra de Dios.

Con estas armas dinámicas no existe nada en el cielo ni en la tierra que sea capaz de impedir que la voluntad de Dios se cumpla en nuestras vidas.

Capítulo seis

Orar la Palabra

*H*ace muchos años, en una hermosa mañana de California, mi racional esposo me despertó con la declaración: "¡Cindy, vamos a tener un hijo, y lo vamos a llamar Daniel!". Luego procedió a relatarme el sueño que había tenido en el que Dios le mostraba que íbamos a tener un hijo.

Tengo que admitir que en ese momento miré asombrada a mi esposo mientras meditaba en mi corazón sobre lo que acababa de decirme. Mi siguiente pensamiento fue muy poco espiritual: *¡Un extraterrestre se ha robado el cuerpo de mi esposo!* Verá, yo soy la música y la soñadora; y Mike es el tipo de persona concentrada en los negocios a quien le gustan los números y todo eso. Más tarde pudimos ver la sabiduría de Dios al hablar con Mike.

Cuando Daniel nació tuvimos una gran batalla por su vida. Fue una época muy difícil llena de complicaciones, y a veces el miedo se apoderaba de mi corazón cuando el enemigo trataba de decirme que Daniel no iba a vivir. Daniel era y es un luchador nato, ¡y sobrevivió!

Luego, después de varios meses, empecé a notar que parecía estar retrasándose en algunas áreas de su desarrollo normal. En primer lugar, no podía ponerse en pie en la cuna. Daniel había nacido con un pie deforme, y se le había puesto un yeso para ayudar a corregir el problema. Por supuesto que estábamos haciendo todo lo posible para ayudarle a ser el cien por ciento en todos los sentidos.

Cuando Daniel tenía diez meses de edad, nuestro pediatra nos dijo las palabras que ningún padre quiere oír: "Señora Jacobs, parece que hay algo mal con el tono muscular en las piernas de su hijo". Vi consternada cómo el doctor golpeó la pierna de Daniel con el pequeño instrumento de goma que pone a prueba los reflejos musculares, Daniel no tenía ninguno. Simplemente, no había respuesta de sus reflejos. Con una mirada de preocupación, el médico repitió suavemente la prueba. Todavía nada. Supe entonces que mi sospecha era correcta, había algo que no andaba bien con la pierna de Daniel.

El pronóstico no era bueno, sin tono muscular Daniel nunca podría caminar. Me fui a casa con nuestra hija de cuatro años de edad a cuestas y con Daniel en mis brazos. ¿Qué íbamos a hacer? Recientemente Mike había conseguido un trabajo en Dallas, y los niños y yo estábamos todavía en El Paso, Texas, en espera de vender nuestra casa.

Esa noche abrí la Biblia para leer y una Escritura parecía saltar de la página:

> Pero los que esperan a Jehová [que esperan, buscan, y tienen la esperanza en Él] tendrán nuevas fuerzas; levantarán alas como las águilas [cerca de Dios hasta llegar al sol]; correrán, y no se cansarán; caminarán, y no se fatigarán.
>
> ISAÍAS 40:31

Yo sabía que Dios me había dado esa Escritura en el momento exacto. ¡Mi hijo estaba destinado a caminar y correr! Era como si Dios nos hubiera dado algo a Mike y a mí para aferrarnos para poder creer y clamar por la sanidad de Daniel.

El poder de orar la Palabra

A partir de entonces, cada vez que cambiaba el pañal oraba por la pierna y el pie de Daniel, y decía en voz alta: "Daniel, tú vas a correr y no te cansarás, tú vas a caminar y no te fatigarás. ¡Hijo, algún día vas a ponerte de pie y a caminar!".

Me gustaría ser capaz de escribir que la primera vez que le dije este versículo a Daniel, de repente se puso de pie y caminó, pero no fue así. Como ya he dicho, recibimos la noticia cuando Daniel tenía diez meses de edad y vivíamos en El Paso. Dos meses más tarde, vendimos nuestra casa en El Paso y nos mudamos a Weatherford, Texas. El primer cumpleaños de Daniel estaba cerca, y todavía no podía valerse por sí mismo o pararse solo. Seguí citando a Isaías 40:31 sobre él, y poco a poco fue mejorando. Un día, cuando la madre de Mike lo sostenía, se impulsó hacia arriba y se levantó. Sin embargo, todavía no podía mantener el equilibrio y caminar.

Pasaron los meses hasta que Daniel tuvo casi diecisiete meses de edad. Un miércoles por la noche estábamos en la iglesia. Con el rabillo de mi ojo, vi algo pequeño rodando por el pasillo central de la iglesia, y por supuesto, era nuestro pequeño Daniel. Estaba caminando completamente solo, y no se aferraba a nada. Además, tenía una gran sonrisa en su rostro.

¡Orar la Palabra funciona!

Durante el tiempo que estuve aferrada a la promesa de Isaías 40:31 para la sanidad de Daniel, también me encontré con un libro de Germaine Copeland titulado *Oraciones con poder* (Carisma). El libro se compone de oraciones que contienen versículos de las Escrituras para ser usadas en diferentes necesidades. Lo que leí acerca de orar la Palabra me impactó tanto que empecé a citar profundamente pasajes de las Escrituras en cada oración, con resultados asombrosos. Una vez escuché a alguien decir que la Palabra funciona para aquellos que ponen la Palabra a funcionar.

Mientras comenzaba a escribir este capítulo, me preguntaba si había una historia detrás de los escritos de Germaine, *Oraciones con poder*. Desde que leí su libro hace casi treinta años, Germaine y yo nos hemos convertido en buenas amigas, así que la llamé para preguntarle.

Me di cuenta de que estaba sonriendo cuando respondió a mi pregunta. "Bueno, sí", dijo, "empecé a estudiar acerca de orar la Palabra durante un tiempo muy difícil con mi hijo David".

Esta es su historia extraída de nuestra conversación:

"A principio de los años 70, descubrí que nuestro hijo estaba metido en drogas. Esto me llevó a estudiar el tema de la oración en la Biblia. Un versículo que tuvo un impacto especial en mí fue Santiago 5:16 b: 'La oración eficaz del justo puede mucho'".

Germaine continuó a explicándome que si algunas oraciones eran eficaces entonces, por lógica, algunas eran ineficaces. Por supuesto, estaba interesada en las oraciones eficaces porque tenía una gran dificultad: ¡un hijo en serios problemas! Necesitaba oraciones eficaces. Perfectamente lógico, ¿no?

Se ha dicho que las pruebas de hoy son los testimonios del mañana y que los valles más profundos de la vida son los caminos hacia la perfecta gloria de Dios. Esto fue ciertamente lo que pasó con Germaine Copeland. En lugar de dejar que el dolor de la adicción de su hijo la abrumara, utilizó el problema para que la llevara a la herramienta de oración más poderosa del mundo, orar la Palabra de Dios.

Cada vez que oía otra cosa que su hijo pródigo estaba haciendo, abría la Biblia y reclamaba las promesas de Dios. Al final empezó a escribir sus oraciones y a llenarlas con porciones de la Escritura. Una de sus favoritas era y sigue siendo, 1 Juan 5:14-15:

Y esta es la confianza que tenemos en él, que si pedimos alguna cosa conforme a su voluntad, él nos oye. Y si sabemos que él nos oye en cualquiera cosa que pidamos, sabemos que tenemos las peticiones que le hayamos hecho.

Esta madre perseverante en la oración tuvo que permanecer en la Palabra de Dios y aprender a no soltarla nunca, incluso en medio de circunstancias que parecían ir de mal en peor. Parece que su hijo mejoraba por un tiempo y luego regresaba a sus viejas costumbres. Un día terrible recibió el mensaje de que el objeto de su intercesión había sido detenido.

Germaine fue a su cuarto de oración para hablar con Dios sobre el problema, y Él le habló: "Yo permití que lo arrestaran". Después de eso ella no se preocupó por David mientras estaba en prisión. Pensó que si Dios había detenido a David, cuidaría de él, incluso mientras estaba encarcelado. En el momento de la detención, Germaine había estado orando por su hijo durante veinticinco años.

Dios había tratado de llamar la atención de David en muchas ocasiones, antes de finalmente cerrar una puerta de la prisión en su cara. Tres veces antes, David había sabido que Dios le estaba diciendo que tenía que dejar de consumir drogas. Pero David no había escuchado y siempre respondía: voy a dejarlo cuando termine esta cocaína. Por supuesto que nunca lo hizo.

Por fin, encerrado en una celda de la cárcel, donde tuvo que enfrentarse a sus adicciones, David comenzó a entender que Dios lo había puesto tras las rejas como una manera de escapar de la vida que llevaba. Dios habló con voz audible y le dijo que tenía que escoger la vida o la muerte. El temor del Señor se apoderó de David y supo, sin lugar a dudas, que moriría si no cambiaba. Hoy también sabe que si hubiera muerto en aquel entonces, se habría ido al infierno. David entregó su vida por completo al Señor y cambió absolutamente y para siempre.

Después de ese tiempo, David comenzó a estudiar las Escrituras y trató de reparar y reconstruir las relaciones rotas en su vida. Asumió la responsabilidad personal por sus acciones en lugar de culpar siempre a otros por sus problemas. Todo esto tuvo lugar diez años antes de mi entrevista con Germaine, y estoy feliz de decir que David ahora trabaja en el ministerio de oración de su madre. También asiste fielmente a un grupo de rendición de cuentas llamado Vida Victoriosa.

La batalla de fe que libró Germaine durante veintiocho años ha dado mucho fruto. Durante esos años de prueba, se dedicó a escribir su serie clásica de libros de oraciones bíblicas titulada *Oraciones con poder*.

Le pregunté a Germaine cuántos libros de esa serie se han vendido hasta la fecha.

Ella respondió con una sonrisa dulce en su voz: "Más de cuatro millones".

¡Eso es lo que yo llamo oración eficaz! La perseverancia de Germaine en la oración me recuerda un versículo maravilloso:

> Porque esta leve tribulación momentánea produce en nosotros un cada vez más excelente y eterno peso de gloria.
>
> 2 Corintios 4:17

Algunos de los que leen este capítulo están pasando por una situación difícil en estos momentos. Tengan la seguridad de que un día Dios va a cambiar su situación en un eterno peso de gloria. Su prueba se convertirá en un testimonio y usted será capaz de consolar a otros.

Pasos para orar la Palabra de Dios

¿Cómo se puede empezar a orar la Palabra? En primer lugar, usted necesita darse cuenta de que Dios usa las Escrituras para hacer posible lo sobrenatural. Los versos en los que usted se va a apoyar en la oración son simplemente palabras escritas por hombres, pero inspiradas por el Espíritu Santo. Cuando se ora y se cree en ellas, estas promesas tienen el poder de cambiar incluso las circunstancias más oscuras. ¡Porque la palabra de Dios es viva y eficaz! (Hebreos 4:12)

He aquí un ejemplo sobre perseverar en la Palabra mediante la oración: Imaginemos que usted está en medio de una situación injusta y parece que su mundo se está destruyendo. Esto sería una gran oportunidad para orar con firmeza las palabras de Romanos 8:28:

> Y sabemos que a los que aman a Dios, todas las cosas les ayudan a bien, esto es, a los que conforme a su propósito son llamados

Después de encontrar un versículo como este, a menudo escribo la fecha del día en que lo leí al margen de mi Biblia. Puede que usted no se sienta cómodo escribiendo su Biblia, pero a mí me encanta escribir notas en los márgenes y poner incluso lugares en los que he orado. Para mí, esto es como un gancho para recordar. Más tarde, puedo leer lo que escribí, regocijarme y fortalecerme con las respuestas del Señor.

A veces, cuando me levanto por la noche para orar y estoy orando por un determinado tema en la intercesión, hojeo las páginas de mi Biblia y leo esas notas. Algunas de ellas las escribí mientras ministraba en otras naciones. Por ejemplo, el libro de Isaías (mi favorito) está particularmente marcado con notas al margen escritas en Iraq, Kuwait, Turquía, Inglaterra, Argentina, Costa Rica, España y otros lugares.

A menudo he pensado que algún día mis nietos y sus hijos podrán ver esas mismas notas y escuchar la voz de Dios a través de las Escrituras a las que me he aferrado en oración.

Anteriormente mencioné que puede que usted quiera escribir una oración basada en las Escrituras si está envuelto en una situación injusta (o simplemente puede usar el modelo que le ofrezco aquí):

Padre Dios, te doy gracias porque tu Palabra dice que todas las cosas en mi vida obrarán para bien porque estoy cumpliendo en propósito que tú has establecido para mí. Por tanto, creo que esta situación en la que estoy ahora será para mi bien. Es imposible que sea de otra manera. Te doy gracias y te alabo, Padre, porque incluso ahora las circunstancias están cambiando y tú estás obrando para proveerme un futuro más allá de lo que puedo soñar o imaginar. En el nombre de Jesús. Amén.

Para un caso judicial, puede añadir esto:

Padre Dios, te doy gracias porque, debido a que camino con rectitud delante de ti y confío en ti, tengo el favor tanto de Dios como de los hombres. Por tanto, declaro que tengo el favor ante los jueces de la tierra.

Mientras más aprendemos la Palabra de Dios, más fácil será reclamar las Escrituras en oración y combinarlas en formas efectivas que nos traerán mucho bien.

Añadir más versículos a nuestras oraciones fortalece la unción sobre ellas y aumenta la riqueza de su intercesión. Muy pronto aprenderá a usar la oración basada en la Palabra como una "espada del espíritu" (Hebreos 4:12) para quitar la oscuridad espiritual y abrir un camino para que el poder de Dios se mueva en una situación o en la persona por la cual está intercediendo.

Este es otro poderoso versículo que podemos usar cuando comenzamos a orar:

Porque los ojos del Señor están sobre los justos (aquellos que son rectos y caminan en justicia delante de Dios), y sus oídos atentos a sus oraciones.

1 PEDRO 3:12

Como punto de partida en la aventura de orar la Palabra de Dios, le sugiero que escriba sus oraciones en un diario y luego las lea en voz alta.

Usando 1 Pedro 3:12, podría comenzar su oración de la siguiente forma:

Padre Dios, te doy gracias porque tus ojos están sobre mí hoy mientras estoy orando y tus oídos están atentos y abiertos a mis oraciones. Creo que me escuchas.

En la serie de libros de Germaine Copeland titulada *Oraciones con poder,* la autora ha escrito una colección de oraciones para usarlas en la intercesión.

A continuación transcribo una que podemos usar cuando estamos intercediendo por nuestros hijos:

Padre, en el nombre de Jesús, oro y confieso tu Palabra sobre mis hijos y los cubro con mi fe, ¡fe en tu Palabra, la cual cumplirás! Confieso y creo que mis hijos son de Cristo, que el Señor los enseña y que obedecen su voluntad.

Grande es la paz y la serenidad imperturbable de mis hijos porque tú, Dios, contiendes con aquello que contiende con mis hijos, y tú les das seguridad y los calmas.

Padre, tú perfeccionarás aquello que me preocupa. Entrego y confío el cuidado de mis hijos de una vez y para siempre a ti, Padre. Ellos están en tus manos y yo estoy sin dudas persuadida de que eres capaz de guardar y cuidar aquello que te he encomendado. ¡Tú eres más que suficiente!

Confieso que mis hijos obedecen a sus padres en el Señor como sus representantes, porque esto es bueno y justo. Mis hijos_____ honran, estiman y valoran como preciosos a sus padres; porque este es el primer mandamiento con promesa: que todo vaya bien con mis hijos y que vivan muchos años en esta tierra. Creo y confieso que mis hijos escogen vivir contigo y amarte, Señor, obedecer tu voz y sujetarse a ti; porque tú eres su vida y les darás muchos años de vida. Por tanto, mis hijos son cabeza y no cola y solo estarán arriba, nunca abajo. Son benditos en su entrada y su salida.

Como padres, no provocaremos, irritaremos ni amenazaremos a nuestros hijos. No seremos duros con ellos ni los hostigaremos, ni haremos que se desalienten, se depriman, o se pongan de mal humor, ni que se sientan inferiores o frustrados. No quebrantaremos ni heriremos sus espíritus, sino que los criaremos en el temor de Dios. Los instruiremos en el camino que deben recorrer y, aun cuando sean viejos, no se apartarán de él.

¡Oh Jehová, Señor nuestro, cuán glorioso es tu nombre en toda la tierra! Has puesto tu gloria sobre los cielos; de la boca de los niños y de los que maman, fundaste la fortaleza, a causa de tus enemigos, para hacer callar al enemigo y al vengativo. Canto alabanzas a tu nombre, oh Altísimo. ¡El enemigo se aleja de mis hijos en el nombre de Jesús! Ellos aumentan en sabiduría y a favor con Dios y con los hombres. Amén.[1]

Puede que algunas personas quieran comprar un diario nuevo cada año y escribir en él sus oraciones para ese año como su propio libro de recuerdos. Otros, como yo, puede que prefieran escribir en los márgenes de su Biblia. Siempre me puedo dar cuenta cuando alguien ha aprendido a orar la Palabra mientras escucho a esa persona orar en alta voz. Su oración es rica, profunda y eficaz.

Históricamente, varias denominaciones han usado libros de oración durante diferentes momentos del año para funciones sacramentales empleando pasajes tales como la oración del Señor. El año pasado, cuando fui a la casa de mi mamá a visitarla, encontré un pequeño libro blanco. Al abrirlo, leí el título *The Book of Common Prayer and Administration of the Sacraments and Other Rites and Ceremonies of the Church. According to the use of the Protestant Episcopal Church the United States of America.* (Thomas Nelson and Sons, New York, 1944). "¿Qué es esto, mamá?", pregunté.

"Cariño, yo llevaba ese libro cuando tu papá y yo nos casamos".

Mientras ella hablaba, leí la primera página:

> *En el nombre del Padre, del Hijo y del Espíritu Santo.*
> *Esto certifica que* **Eleanor McJilton** *y* **Albert S.**
> ***Johnson*** *se unieron en santo matrimonio el 24 de mayo de 1944, en la Iglesia Presbiteriana de Oak Cliff, Dallas, Texas.*

Ya que me educaron al estilo bautista, ni siquiera sabía que había un *Libro de oraciones colectivas,* de modo que leí algo sobre su historia. Supe que había tenido varias ediciones e incluso que había sido objeto de muchas controversias. Sin embargo, durante las épocas oscuras, fue un libro que se usó para mantener la oración viva en la iglesia y las personas podían ponerse de acuerdo en sus oraciones cuando lo usaban. A medida que leía las oraciones escritas, me daba cuenta de que estaban llenas de pasajes de las Escrituras. Si bien puede que a muchas personas no las hayan criado con un estilo de oración litúrgico, creo que hay lugar para esta antigua práctica en el cuerpo de Cristo.

Orar la Palabra conjuntamente con otros

Un aspecto esencial de orar la Palabra es el hecho de que las congregaciones oren juntas. Necesitamos refrescar nuestro enfoque ya que no solo los adultos deben orar juntos sino que todos los grupos etarios deben orar juntos la Palabra. ¿Acaso no sería maravilloso ver una iglesia completa orando la Palabra sobre sus hijos en la congregación?

¡La Palabra de Dios es viva y eficaz, y más cortante que toda espada de dos filos (Hebreos 4:12)! Necesitamos aprender a ejercerla con efectividad en la intercesión ferviente para ver la salvación ¡no solo en nuestras familias sino en toda la nación! Imagínese a ciudades enteras haciendo suyas oraciones de la Palabra.

Como dije en un capítulo anterior, varios presidentes de los Estados Unidos han convocado a tiempos de oración y han hecho proclamaciones escritas urgiendo a la nación que clame a Dios unida. Tomando como modelo la proclamación del presidente Lincoln al convocar a un día de oración y ayuno, escribí la siguiente adaptación para convocar a los Estados Unidos a orar en el 2010:

Proclamación de un Año de Arrepentimiento:

Por cuanto, el Senado de los Estados Unidos de América ha emitido en otras ocasiones Proclamaciones Nacionales de Oración y Ayuno, donde reconoció devotamente la Suprema Autoridad y el justo gobierno del Dios todopoderoso en todos los asuntos de los hombres y las naciones; nosotros, los creyentes unidos en el Señor Jesucristo, declaramos y decretamos que somos una nación sujeta a Dios.

Y, por cuanto, siguiendo el ejemplo y el precedente del presidente Abraham Lincoln antes de nosotros, acordamos que es el deber de las naciones, así como de los hombres, reconocer nuestra dependencia del poder absoluto de Dios y, como pueblo, confesamos nuestros pecados y transgresiones contra el Santísimo Dios y reconocemos la sublime verdad, anunciada en las Santa Escrituras, que solo son benditas las naciones cuyo Dios es el Señor.

Y, ya que sabemos que, por su ley divina, tanto las naciones como los individuos, están sujetos a castigos y amonestaciones en este mundo, no temeremos porque justamente merecemos el castigo por nuestros pecados para llegar al fin necesario de nuestra reforma nacional como un Pueblo completo. Hemos recibido las mejores recompensas del cielo. Durante todos estos años, Dios nos ha preservado en paz y prosperidad. Hemos aumentado en número, riqueza y poder, más que ninguna otra nación; pero hemos olvidado a Dios. Hemos olvidado la mano de gracia que nos ha preservado en paz y nos ha multiplicado y enriquecido y fortalecido; y vanamente hemos imaginado, en nuestro corazón engañoso, que todas estas bendiciones las produjo nuestra gran sabiduría y virtud. Intoxicados con el éxito inquebrantable, nos hemos vuelto demasiado autosuficientes como para sentir la necesidad de una gracia redentora que nos preserve, ¡demasiado orgullosos como para orar al Dios que nos hizo!

Hemos cometido el pecado del aborto, matando así al menos a cincuenta y cuatro millones de niños que aún no habían nacido. Hemos cometido el pecado de comprar y vender a otros seres humanos por nuestros propios propósitos egoístas y avaricia. Nos hemos inclinado ante el altar del humanismo y hemos permitido que tu nombre se borre, Dios, de los libros de texto y de los salones de clase de nuestra nación. Hemos pecado contra ti y contra las naciones de la tierra haciendo películas que glorifican lo que es pecaminoso y vergonzoso ante tus ojos. Hemos llamado a lo bueno malo y a lo malo bueno. Hemos hecho todas estas cosas y transgredido tu santo nombre.

Por tanto, nos corresponde humillarnos ante el Poder que hemos ofendido, para confesar nuestros pecados nacionales y orar por clemencia y perdón. Nosotros, como líderes cristianos en el cuerpo de Cristo en los Estados Unidos de América, hacemos un llamado a un año de humillación, ayuno y oración para volver nuestra nación a Dios.

Lo hacemos con sinceridad y verdad con la esperanza que autorizan las enseñanzas divinas de que en las Alturas se escuchará el lamento unido de los creyentes de esta nación y de que será respondido con bendiciones y con la restauración de nuestra nación, actualmente dividida económica y moralmente. Rogamos el perdón de nuestros pecados nacionales y la restauración de nuestra tierra a su estado anterior como una nación que anda delante de Dios, el Señor Jesucristo. Te pedimos que tengas misericordia de nosotros, Señor, como creyentes que estamos gimiendo bajo la inminente amenaza de la persecución religiosa. Te suplicamos, Señor, que nos permitas elegir líderes cuyos corazones dependan de ti para volver nuestra nación a la visión que tuvieron nuestros antepasados cuando huyeron de la persecución religiosa para establecer una nueva morada de libertad y que los Estados Unidos sean una ciudad establecida sobre una colina, un faro de luz y libertad para todos.

—Cindy Jacobs

Adaptado de la Proclamación de Lincoln[2]

Esa proclamación presidencial podría usarse como una oración por la nación. Mi esperanza es que las naciones del mundo se animen a hacer tales declaraciones públicas en estos días difíciles. El gran ministro E. M. Bounds (1835-1913), durante la Guerra Civil en los Estados Unidos, dijo esto acerca de la oración:

Así como Dios nos ordenó que oráramos en todo momento, en todo lugar y por todas las cosas, de la misma manera Él responderá en todo momento, en todo lugar y todas las cosas. Dios se ha comprometido abierta y directamente a responder la oración. Si cumplimos las condiciones de la oración, la respuesta vendrá...Las ordenanzas de la naturaleza pueden fallar, pero las ordenanzas de la gracia nunca fallarán. No hay limitaciones, ni condiciones adversas, ni debilidad o incapacidad que pueda obstruir la respuesta de Dios. El favor de Dios cuando oramos no tiene límites y no se condiciona por Él mismo ni por las circunstancias peculiares de un caso en particular. Si de veras oramos, Dios gobierna y desafía todas las cosas y está por encima de todas las condicionantes.

Dios dice de manera explícita: "Llámame, y yo te responderé" (Jeremías 33:3). No existen limitaciones, rodeos ni impedimentos para que Dios cumpla sus promesas. Su Palabra está en juego. Su Palabra está en el asunto. El Dios que no puede mentir (Tito 1:2) está comprometido a responder. Voluntariamente se ha colocado bajo la obligación de responder las oraciones de aquellos que realmente oran.[3]

Orar la Palabra es el arma más poderosa que tenemos en nuestro arsenal de oración. Úsela diariamente y verá grandes respuestas en cada circunstancia de la vida y sus oraciones tendrán mucho poder.

∽ Capítulo siete ∼

La alabanza persistente

*H*ace algunos años Mike fue suspendido de su trabajo en Trans World Airlines (TWA). Éramos jóvenes, habíamos acabado de comprar nuestra primera casa y teníamos un hijo que mantener. Las cosas lucían más bien lúgubres. Tuvimos que subir a nuestro pequeño Datsun y manejar a Phoenix desde Los Ángeles a pasar la Navidad. El viaje iba de mal en peor cuando el auto se rompió por el camino.

Por fin emprendimos el viaje de regreso, guardados y enviados con las oraciones de nuestra familia. A medida que avanzaba el día pensaba en nuestra familia. ¿A qué estábamos regresando? ¿Cómo íbamos a vivir? ¿Dónde iba a trabajar Mike? Todas esas preguntas me daban vueltas en la cabeza.

De repente tuve la inspiración de que debíamos alabar a Dios durante todo el trayecto de regreso a casa, y así lo hicimos. Le agradecimos por su provisión, amor y misericordia y por nuestra salvación. Fue una reunión de alabanza sobrenatural. Manejamos kilómetros y kilómetros en la noche oscura y las alabanzas continuaban saliendo de nuestro espíritu. Cuando me estaba quedando atrás, Mike saltaba y empezaba a cantar. Y cuando él se quedaba atrás, ¡de mi boca salían palabras de arrepentimiento! Había momentos en que cantábamos juntos (Mike y yo cantábamos públicamente en aquel tiempo).

Luego de horas de hacer esto, llegamos a nuestro hogar en nuestra pequeña casa blanca en Los Ángeles. En el nivel natural, todo parecía estar igual. Mike no tenía trabajo y nuestro dinero estaba escaseando, pero éramos ricos en bendiciones espirituales. Entonces, al día siguiente de año nuevo, recibimos una llamada telefónica del gerente general de American Airlines en El Paso, Texas. ¿Podía ir Mike a una entrevista de inmediato? Enseguida tomó el vuelo y después de unas pocas semanas estaba trabajando.

¿Qué sucedió? No estábamos conscientes de que nuestras alabanzas eran en realidad oraciones de intercesión en aquel momento. Mike había estado buscando trabajo sin tener éxito y ciertamente estábamos teniendo una resistencia más allá de lo natural. Cuando alabamos juntos a Dios, el Salmo 149:3-4 se hizo efectivo:

> Alaben su nombre con danza; con pandero y arpa a él canten. Porque Jehová tiene contentamiento en su pueblo; hermoseará a los humildes con la salvación.

Dios nos hermoseó con la victoria después que lo alabamos y ¡ciertamente fue un regalo maravilloso!

El matrimonio de la alabanza y la oración

¿Por qué incluir un capítulo titulado "La alabanza persistente" en un libro acerca de la oración? Hace muchos años durante un tiempo de oración, el Señor dijo a mi corazón que la oración era alabanza y que la alabanza era oración. En aquel momento no tenía el conocimiento teológico para sustentar lo que pensaba que había escuchado. Más tarde, en 1986, Mike y yo dirigimos una reunión en Washington, D.C., llamada *El matrimonio de la alabanza y la oración*.

El hecho de que la alabanza es intercesora no es un concepto muy sorprendente para muchos en el cuerpo de Cristo en la actualidad, pero en aquella época era una verdadera revelación. Escribí sobre eso en mi libro *Conquistemos las puertas del enemigo.*

Durante la reunión "El matrimonio de la alabanza y la oración", el líder de adoración y escritor de canciones Jim Gilbert se paró y comentó que la alabanza intercesora podemos encontrarla en Isaías 56:7: "Mi casa será llamada casa de oración". Jim señaló que este versículo, de hecho, se está refiriendo a una canción intercesora.

Esta era la clave. Me fui emocionada a la casa para estudiar más aquel versículo y encontré que las palabras "de oración", o *tephillah,* en Isaías 56:7, puede tener la connotación de una oración a la que se le pone música y que se canta en la alabanza formal. Para mi asombro y deleite, encontré que la palabra *tephillah* se encuentra veintisiete veces en el Antiguo Testamento.

Con toda seguridad podría interpretar este versículo de la siguiente manera: "Mi casa será llamada casa de oración y alabanza". La música no puede separarse de la oración en la mayoría del Antiguo Testamento.[1]

En su libro *Canciones del cielo,* Tommy Walker relata cómo el hecho de cantar una nueva canción al Señor en realidad no es otra cosa que orar: "Durante un concierto de adoración, una mujer gritó después de la segunda canción: '¡Se le olvidó orar!' y yo respondí: 'Señora, eso es lo que hemos estado haciendo'". La buena noticia es que todo el mundo puede orar, lo que significa que todo el mundo puede cantar una nueva canción al Señor. Para algunos de ustedes, la melodía puede ser solamente dos o tres notas, pero si está cantando esa melodía desde su corazón, es un hermoso sonido delante del Padre celestial".[2]

La adoración casi nunca surge de manera natural en medio de una situación difícil. De hecho, me he dado cuenta de que más bien puede ser una disciplina durante las duras temporadas de sequía. Una vez que logro enfocarme más en adorar a Dios que en mi situación actual, la carga que siento simplemente comienza a desvanecerse.

Cuando escuchamos malas noticias, muchas veces nuestra primera respuesta es el temor. Este fue el caso en 2 Crónicas 20, cuando a Josafat le dijeron que el vasto ejército sirio venía contra el pueblo de Dios.

¿Algunas vez ha notado que pareciera que Satanás a veces envía sobre usted un problema abrumador y otras veces le dice que viene un gran ejército en contra suya que lo derrotará? Luego envía fuerzas demoniacas de temor sobre usted para asegurarse la victoria.

¡Estoy segura de que Josafat vivió esa situación cuando venían los sirios! Sin embargo, sabía qué hacer cuando tenía miedo: Se dedicó a buscar al Señor y proclamó un ayuno (2 Crónicas 20:3). Pidió a Dios que le ayudara y el Señor le dijo al pueblo a través de un profeta que no debía tener miedo. Entonces Dios les habló proféticamente: "Paraos, estad quietos, y ved la salvación de Jehová con vosotros!" (v. 17).

¿Cuál era su posición? Se postraron en la tierra y adoraron. No corrieron de un lado para otro viendo cuántas espadas o lanzas tenían; primero adoraron.

La alabanza y la oración como armas espirituales

La alabanza y la adoración persistente cuando enfrentamos una gran opresión conducen a grandes victorias en oración. Muchas personas dejan de adorar cuando consideran lo grande del enemigo o cuando enfrentan una gran montaña de adversidad. Ese no es el tiempo de parar, ¡es el tiempo de comenzar!

Me encanta lo que hicieron los levitas de los hijos de Coat en esta seria circunstancia: ¡se levantaron y adoraron a Dios! ¿Eso le suena extraño? Raro, pero no creo que en la actualidad se enseñe ese principio sobre la guerra en la mayoría de los colegios militares. Entonces un día de la batalla, creyeron que habían recibido palabra del Señor por medio del profeta Jahaziel y pusieron a algunos que cantaran y alabaran delante de ellos en la batalla. A menudo he recreado esa escena en mi mente. Los cantores eran hombres llenos de fe; eran persistentes en la adoración, en particular cuando enfrentaban cosas imposibles. Normalmente uno pensaría que los cantores (si es que hubiera alguno) debieran permanecer *detrás* del frente de infantería, ¡pero para ellos la adoración era lo primero y lo más importante!

La Biblia dice que cuando comenzaron a cantar y a alabar, el Señor puso emboscadas contra el pueblo de Amón, Moab y el monte de Seir, quienes se habían levantado contra Judá; y fueron derrotados.

Esto me recuerda una parte del Salmo 149 que antes escribí en este capítulo:

> Exalten a Dios con sus gargantas, y espadas de dos filos en sus manos, para ejecutar venganza entre las naciones, y castigo entre los pueblos; para aprisionar a sus reyes con grillos, y a sus nobles con cadenas de hierro; para ejecutar en ellos el juicio decretado; Gloria será esto para todos sus santos. Aleluya.
>
> SALMO 149:6-9

Me gusta imaginarme lo que sucedió cuando el pueblo de Dios empezó a adorar. Es probable que enormes ángeles hayan salido y peleado en nombre de ellos y hayan confundido a los ejércitos (el Señor pone sus propias emboscadas contra ellos), porque se mataron los unos a los otros (2 Crónicas 20:21-23). ¡Qué estrategia tan brillante! Después de esa ocasión ¡no fue el pueblo de Dios el que volvió a sentir temor sino sus enemigos!

Veamos la progresión que tuvo lugar:

1. El enemigo venía contra ellos y la derrota parecía segura.
2. El pueblo de Dios tuvo que combatir el temor con la alabanza.
3. Adoraron al Señor como un arma de guerra.
4. Sus enemigos se volvieron contra ellos mismos.
5. Todos los pueblos tuvieron miedo del gran poder de Judá.

Todo esto sucedió porque tomaron la decisión de adorar en vez de retirarse; enfrentaron su temor y sus enemigos con alabanza persistente. Cuando usted se enfrente a algo imposible, confíe en Dios y su alabanza persistente lo conducirá a la victoria.

En su libro *El guerrero adorador,* Chuck Pierce y John Dickson hablan acerca del poder para vencer que se libera cuando magnificamos a Dios. Destacan que Dios ha preparado mesa delante de nosotros en presencia de nuestros angustiadores (Salmo 23:5).[3] Dicho de otra forma, por fe podemos en realidad probar la bondad de Dios cuando adoramos, antes de verla.

El siguiente es un gran ejemplo de alabanza intercesora usando el principio de orar la Palabra (explicado en el capítulo anterior). Trate de cantar en alta voz algo como esto:

Padre Dios, te doy gracias y te alabo porque tú aderezas mesa delante de mí en presencia de mis angustiadores. Por tanto, no tengo que temer de ningún tipo de escasez, porque no hay escasez en el reino de Dios. ¡Tú nunca desamparas a tus hijos ni su simiente mendiga pan! *Yo* (mi familia) tengo la provisión adecuada para cada necesidad. Los enemigos del temor y la deuda no tienen cabida en mi (nuestra) familia. En el nombre de Jesús. Amén. (Basado en los Salmos 23:5; 37:25).

En lo personal, me gusta decir en alta voz mis oraciones de la Escritura; cuando uno las convierte en canción es algo poderoso. ¡La fe viene por el oír y el oír la Palabra de Dios! Imagínese la fe que se produjo cuando la joven María cantó lo que se conoce como "El Magníficat". Cuando cantamos palabras como "Magnifica al Señor", ¡Él se magnifica y nuestra situación adquiere la perspectiva del Reino! Nuestra alabanza libera su poder de una manera intercesora que se vuelve más poderosa que lo que Satanás intenta hacer en nuestras vidas.

La alabanza persistente en tiempos de dificultad

Hace poco estaba leyendo la Biblia y me encontré con un pasaje que nos manda a "regocijarnos en el Señor siempre". El pasaje continúa diciendo que debemos hacer que nuestra gentileza sea conocida por todos los hombres (Filipenses 4:4-5). Luego leí Efesios 5:20, que dice que debemos dar gracias siempre por todas las cosas a Dios el Padre en el nombre de nuestro Señor Jesucristo. Mientras meditaba en este pasaje pensé: *Esta es la clave: alabanza y agradecimiento persistente en medio de todas las cosas.*

La próxima vez que tuve una dificultad, decidí que alabaría al Señor en medio de ella, alabándolo *en* todas las cosas, no por todas las cosas, porque algunas de las cosas que venían contra mí no eran la voluntad de Dios sino una batalla espiritual. ¡Me sorprendí al ver los resultados! Alabar a Dios en medio de la prueba realmente produce respuestas emocionantes a nuestras oraciones.

Por ejemplo, un día estaba haciendo la comida para la familia cuando recordé que algunos invitados de nuestra iglesia estaban de visita en el pueblo. Pensé que sería agradable invitarlos a comer con nosotros después del servicio. Mirando la pequeña cantidad de comida que había delante de mí, decidí que iba a poner en práctica lo que había aprendido en mi estudio bíblico acerca de alabar a Dios en medio de todas las cosas. Ahí mismo empecé a cantar mi canción de alabanza: "Padre, te doy gracias porque tú eres el Dios de la provisión. Ahora mismo te doy gracias por la multiplicación de esta comida. ¡Te bendigo y te doy gracias, Dios!".

Cuando llegaron nuestros invitados, no les dije que iban a comer porciones pequeñas. Simplemente sabía debido a mi tiempo de alabanza que Dios prepararía un banquete tanto para nuestros amigos como para nosotros. Empecé a servir los platos y a alabar a Dios por cada porción y, al final, tuvimos más que suficiente comida para todos. Luego, después de comer, les dije lo que había hecho. Fue gracioso y emocionante y todos nos regocijamos juntos al ver la bondad de Dios.

He empleado el principio espiritual de agradecer y alabar a Dios en medio de situaciones muy difíciles a lo largo de los años. A menudo añado Romanos 8:28 a mi alabanza durante tiempos de pruebas diciendo en alta voz una oración como esta:

> Padre Dios, te doy gracias y te alabo porque esto va a resultar para mi bien. Es imposible que suceda de otra manera. Confío y me regocijo porque en este momento estás liberando tu provisión y bendición sobre esta situación. Decido regocijarme en ti, Dios, y dejar que tu alabanza fluya permanentemente de mi boca.

Esta clase de alabanza intercesora libera el poder de Dios en y a través de aquello que está imponiéndome un reto. A través de esos momentos, Dios crea nuevas cosas para mi bien que nunca había soñado o imaginado para mí misma mientras me encuentro en medio de la tribulación. Inténtelo. ¡Funciona!

La intercesión con arpas y copas

La unión de la alabanza y la oración ha llenado la faz de la tierra en el movimiento a favor de la oración; a menudo recibe el nombre de intercesión con arpas y copas. Este matrimonio de la oración y alabanza se ejemplifica en Apocalipsis 5:8-9:

> Y cuando hubo tomado el libro, los cuatro seres vivientes y los veinticuatro ancianos se postraron delante del Cordero; todos tenían arpas, y copas de oro llenas de incienso, que son las oraciones de los santos; y cantaban un nuevo cántico.

Las reuniones de oración y alabanza intercesora con arpas y copas, con una duración de veinticuatro horas, a menudo se conocen como casas de oración de 24/7. Dios ha usado al pastor y líder de oración Mike Bickle para formar Casas de Oración Internacionales (IHOP, por sus siglas en inglés) en todo el planeta. Otras personas han escuchado al Señor y han comenzado lo que yo llamo casas intercesoras de oración, como la de Lou Engle, JHOP (Casas de oración por la justicia), que oran por el fin del aborto legalizado y la erradicación del tráfico humano y la esclavitud. El intercesor y autor Pete Greig relata en su libro *Red Moon Rising* (Aparece la luna roja) cómo el movimiento de oración 24/7 está cambiando naciones sobre la faz de la tierra.

Cuando Mike y yo recordamos aquel Matrimonio de la Alabanza y la Oración en Washington, D.C. en 1986, podemos ver que, ciertamente, algo se liberó en el mundo en aquel entonces. Los dos se hicieron uno. Ya eran uno solo desde el punto de vista teológico pero ahora se habían convertido en uno en la práctica. Sabíamos que no éramos los únicos que estábamos recibiendo la revelación acerca de este tipo de intercesión con arpas y copas, pero también creemos que el encuentro de 1986 fue parte de la implantación de este mover de Dios.

Como dije antes, Dick Eastman, el presidente internacional de Cada Casa para Cristo, es uno de los más grandes guerreros de oración que he conocido en mi vida. Ha escrito una trilogía de libros sobre la alabanza intercesora titulada *Harp and Bowl* (*La serie el arpa y la copa*). Antes de citar un pasaje de uno de sus libros, permítame contarle algo acerca del Centro Jericó, la sede de Cada Casa para Cristo (EHC, siglas en inglés).

Cada Casa para Cristo es un ministerio evangelístico cuya misión es alcanzar cada familia del planeta con literatura cristiana. Ellos saben que no pueden evangelizar al mundo sin el motor de la alabanza intercesora. Si toma el elevador para subir al segundo piso del Centro Jericó, verá dos habitaciones que están una al lado de la otra. Una tiene en la puerta una hermosa arpa grabada en vidrio; allí tiene lugar la oración intercesora. La otra habitación es la habitación de la copa y es para oraciones más verbales.

Si baja por el elevador, encontrará el Centro Watchman, donde hay una hermosa réplica del Muro de los Lamentos en Jerusalén hecha de hermosas piedras de la Tierra Santa. Hay habitaciones destinadas para interceder por lugares y regiones específicas, tales como el movimiento Silk Road y Regreso a Jerusalén (comprometido a enviar 100 000 misioneros a predicar el evangelio desde Asia hasta Jerusalén).

No es de extrañar que Cada Casa para Cristo esté viendo a miles de personas cada día recibir a Cristo a lo largo de toda la faz de la tierra. Si bien se dirigen a todas las naciones en su distribución de literatura evangelística casa por casa, hay una planta nuclear espiritual en la sede, para romper la oscuridad y asegurarse de que cada uno de los tratados evangelísticos tenga la unción de Dios.

El hermoso centro de oración en la sede de Cada Casa para Cristo es simplemente una extensión de la vida personal de oración de Dick Eastman. En el tercer libro de la serie *El arpa y la copa*, *Rivers of Delight* [Ríos de deleite] publicado por Regal Books, él explica cómo Dios lo llamó a un ayuno de cuarenta días enfocado en la adoración y centrado en el versículo "Deléitate asimismo en Jehová, y él te concederá las peticiones de tu corazón" (Salmo 37:4).

El deseo del corazón de Dick es evidente; él cree realmente en Salmos 2:8: "Pídeme, y te daré por herencia las naciones, y como posesión tuya los confines de la tierra".

La oración de mil pueblos

Debo decir que si tengo un versículo de la Biblia que me gusta más que el resto, es el Salmo 2:8. Tal vez usted es como yo: el pensamiento de millones de personas yendo a la condenación eterna sin un Salvador hace que mis ojos se llenen de lágrimas y que mi corazón arda por las almas. Me da la impresión de que el hecho de que Dios llamara a Dick a un ayuno de cuarenta días basado en la adoración es parte del mover de Dios referente al "vino nuevo". Cuando adoramos a Dios a través de la alabanza intercesora y le pedimos que vengan a Cristo aquellas almas que están atadas a la oscuridad, creo que las naciones alrededor del mundo serán transformadas.

En *Heights of Delight (Alturas de deleite)*, Dick Eastman cuenta la historia de su amor por África y de una visión que tuvo mientras oraba por el envío de misioneros a Zimbabue. Él relata este ejemplo de amor apasionado por los perdidos:

> Transcurría el año 1839, y David Livingstone, de veintiséis años, estaba sentado en una reunión de la Sociedad

Misionera de Londres. Robert Moffat, de vuelta a casa luego de una agotadora estancia en África, rogaba por la aparición de misioneros que recogieran el manto de las misiones y regresaran al "continente oscuro". Pintando con palabras un cuadro de la vasta oscuridad del África sin evangelizar, Moffat declaró: "A veces he visto, al sol de la mañana, el humo de miles de pueblos a los que no ha llegado ningún misionero.

Casi de inmediato Livingstone recogió el manto de Moffat y en un lapso de veinticuatro horas ya se había dirigido a Kuruman (que se encuentra en lo que hoy es Sudáfrica), el mismo campo de trabajo de Moffat. Era el año 1841 y, tres años más tarde, Livingstone se casaría con la hija de Robert Moffat, Mary; el resto es una reconocida historia de misiones.

Dick continúa contando la impresión que tuvo mientras oraba por los misioneros de Zimbabue:

Y así sucedió, un siglo y medio más tarde, o al menos eso me parece, vi un cuadro mental similar al que había visto Moffat en 1839. Estaba mirando el humo de muchos miles de pueblos, no solo de "miles" como había visto Moffat.— Señor—dije con preocupación—¿hay muchos pueblos a los que todavía no ha llegado el evangelio?

—No—fue la impresión inmediata de mi corazón—no estás viendo el humo de los pueblos en los que nunca se ha escuchado el evangelio. Estás viendo el humo del incienso de adoración que se levanta de los miles y miles de pueblos que ahora mi gloria ha transformado. Estás viendo pueblos que se han convertido en centros de adoración de mi presencia".

Según Dick, "la adoración intercesora se refiere a la adoración concentrada que se vuelve intercesora en su naturaleza porque lleva las oraciones del pueblo de Dios, como la fragancia del incienso, ante el trono de Dios. Como resultado, Dios libera su poder para cumplir sus propósitos para la cosecha".[4]

Aunque África está siendo alcanzada para Cristo, todavía hay muchos campos misioneros alrededor del mundo en los que el sonido de la alabanza concentrada no se escucha y necesitamos "pararnos en la brecha" por naciones tales como Turkmenistán, Azerbaiyán y naciones del Oriente Medio. Es mi anhelo que muchos "misioneros músicos" se levanten alrededor del mundo para llevar las alabanzas de Dios a los sitios más oscuros de la tierra.

Ya sea a nivel personal o al nivel de alcanzar naciones, el poder de la alabanza persistente abre los cielos de par en par y provoca grandes cambios. No existe fuerza en la tierra que pueda detener nuestro propósito y destino, ya sea personal o colectivo, cuando nos regocijamos y damos gracias por todas las cosas.

Capítulo ocho

La oración intergeneracional

¿Alguna vez ha leído toda la Biblia en un año? Si es así, se ha de haber encontrado esas largas listas de nombres que le dan ganas de tomar una siesta debido al aburrimiento. Tal vez ha pensado: *¿Por qué Dios inspiraría a los escritores a incluir todos esos linajes en los libros de la Biblia?*

Usted sabe, esos que dicen: "Estas son las generaciones de los hijos de Noé: Sem, Cam y Jafet, a quienes nacieron hijos después del diluvio" (Génesis 10:1).

Puede que en este momento se esté preguntando: "Muy bien, Cindy, ¿a dónde quieres llegar con estas preguntas?". Un día, mientras estaba leyendo estas listas de nombres en mi Biblia, tuve de repente un momento de inspiración: "Oh, ya entiendo: ¡se trata de los linajes! Los linajes familiares son importantes para Dios. ¡Él ama la familia!".

La Biblia es un libro acerca de las familias. Mientras volteaba las páginas, leía los subtítulos: *La familia de Adán, La familia de Noé,* etc. De hecho, Dios nos creó porque quería una familia.

Mientras oraba por lo que incluiría en este libro, sentí que debía escribir acerca del amor de Dios por los linajes y la familia y, más específicamente, la importancia de que las generaciones oren juntas. Con eso literalmente me refiero a que los niños, los padres, los abuelos y los bisabuelos oren juntos. Pero también estoy hablando de los que estamos unidos espiritualmente, al haber nacido otra vez en la familia de Dios. En ambos casos, necesitamos tener conversaciones con nuestro Padre sobre una base intergeneracional.

Las generaciones son importantes para Dios. Recuerde que Él se llama a sí mismo el Dios de Abraham, de Isaac y de Jacob (Éxodo 3:6; Mateo 22:32). ¿Cuál fue la promesa de Dios para Abraham?

> Y serán benditas en ti todas las familias de la tierra.
>
> GÉNESIS 12:3

Cuando muchas personas piensan en lo que llamamos familia, solo consideran a aquellos con los que estamos conectados desde el punto de vista genético. Pero hay un lazo que Dios produce que bendice tanto nuestras familias físicas como nuestras familias espirituales.

En la comprensión bíblica de la palabra *familia,* o *meesh-pah-chah* (#4940 en el Strong), se entiende que consiste no solo de un grupo o de la familia inmediata, sino que puede extenderse a una unidad tan amplia como una nación.[1]

Mike y yo hemos tenido el privilegio de participar en muchas reuniones de oración alrededor del mundo. Algo que he notado es que la mayoría de las reuniones de oración se componen de intercesores que sobrepasan los cuarenta años. Otras se componen en su mayoría por personas jóvenes. Casi nunca se ven o se escuchan niños en las reuniones de oración.

Esto es lo que pienso que debe suceder: ¡Las generaciones necesitan orar juntas! Necesitamos orar de manera intergeneracional incluyendo tres generaciones. Dios anhela expresarse como el Dios de Abraham, de Isaac y de Jacob a través de nuestras oraciones. Si bien he escuchado a muchas personas hablar de esta necesidad, he visto a pocas que realmente han trabajado para asegurar que funcione sobre una base regular.

Ya que Dios se expresa a sí mismo intencionadamente como un Dios intergeneracional, ¿no tendrá sentido hacer un énfasis especial para ver a las familias orando juntas, ya sea que estén relacionadas física o espiritualmente? Esto significa que necesitamos encender los altares familiares en el hogar y en la iglesia. La familia necesita orar unida.

¡Deje que los niños oren!

Una de las manifestaciones más poderosas de oración intergeneracional que he visto tuvo lugar durante un encuentro de intercesión en Washington, D.C., a fines de los años noventa. Muchos grupos y líderes de oración se habían reunido en la capital de la nación para orar por un avivamiento a nivel nacional. Durante aquellos encuentros, el Espíritu Santo se estaba moviendo en el área del arrepentimiento a medida que nos presentábamos ante el Trono. Los niños habían tenido su propio servicio de oración durante la mañana y luego tuvimos un tiempo de oración conjunto en la tarde.

La líder de oración de los niños era una mujer que se llamaba Esther Ilnisky, autora de *Let the Children Pray* [Deje que los niños oren] publicado por Regal Books. Esther era y es una apasionada de las oraciones de los niños, tanto personal como en colectivo. Siempre les dice a las personas que no hay un Espíritu Santo "infantil" y que Él puede orar a través de un niño como lo hace a través de un adulto.

Esther había entrenado a los niños para que fueran audaces en sus oraciones. No estaban apocados o tímidos; en resumen, oraron tan bien como lo pudimos haber hecho nosotros y fueron audaces mientras dirigían la oración.

Nunca olvidaré sus oraciones aquel día en aquella iglesia en Washington, D.C. Una hermosa niña afroamericana de unos seis años se puso de pie y oró. Su oración me sorprendió mucho debido al tema que escogió. "Dios", comenzó, mientras su voz resonaba en el santuario, "que en nuestras escuelas enseñen que los niños necesitan estar con las niñas y las niñas con los niños". Su oración era profunda y genuina.

A medida que ella oraba, mi mente se remontó a cuando yo tenía seis años. No había necesidad de orar tal oración por mi escuela. Ningún profesor habría soñado jamás con enseñar algo contrario a las normas sociales. Por supuesto, no se hablaba de homosexualidad cuando yo era niña. Mi siguiente emoción fue de profundo arrepentimiento por el enorme abismo moral entre la verdad bíblica y el actual sistema educacional. Es tan ancho y profundo que incluso una niña de seis años estaba perturbada por el abandono de la visión bíblica del mundo. Francamente, esta generación necesitaba escuchar esa oración como una llamada de alerta.

Como muchos de ustedes saben, la nación sudamericana de Argentina ha experimentado un fuerte avivamiento durante las pasadas décadas. La nación parece estar teniendo un nuevo movimiento de avivamiento cada década. Uno de los aspectos distintivos del avivamiento argentino ha sido el número de niños directamente involucrados en la oración por la nación. Nunca olvidaré el día cuando estaba ministrando en un encuentro en Buenos Aries. Los niños involucrados habían pasado cinco horas en la plaza suplicando a Dios por salvación y milagros.

Aquellos niños, como la niña de seis años en Washington, D.C., también sabían cómo orar según Dios, oraciones llenas de fe. De hecho, escuché que durante su reunión de oración de cinco horas al aire libre, el poder de Dios se sintió con tanta fuerza que las personas comenzaron a caer al suelo por el poder de convencimiento de Dios.

Cuando llegué a la reunión aquella noche, me dijeron que mucho de los adultos habían sido "derribados a tierra" y no pudieron levantarse hasta que los niños no oraron con ellos para que recibieran a Cristo. Mientras escuchaba con asombro, pensé: *Esther Ilnisky tiene razón, ¡no hay un Espíritu infantil!*

Los milagros fueron extraordinarios aquella noche. Diría que más bien vimos maravillas. El evangelista argentino Carlos Annacondia dice que los milagros se llaman "señales y maravillas" porque algunos de ellos simplemente *son* una maravilla: No pueden explicarse en otros términos. Me encanta lo que dice el Salmo 8:1-2:

> ¡Oh Jehová, Señor nuestro, cuán glorioso es tu nombre en toda la tierra! Has puesto tu gloria sobre los cielos; de la boca de los niños y de los que maman, fundaste la fortaleza, a causa de tus enemigos, para hacer callar al enemigo y al vengativo.

Aquella noche las alabanzas y las oraciones de los niños de Dios ciertamente hicieron callar lo que el enemigo había hecho en la vida de las personas. Pero no pasemos por alto la belleza intergeneracional de lo que sucedió aquel día en Argentina. Alguien tuvo que enseñar a orar a aquellos niños. De modo que los adultos tuvieron que creer en el poder de las oraciones de los niños y sacarlos afuera a la plaza para que tuvieran un tiempo de intercesión. Y esa intercesión no solo preparó el camino para la reunión de la noche sino que también ayudó a cambiar la atmósfera espiritual y preparar el camino para que Dios trajera a muchas personas a la salvación.

Mentores de la oración intergeneracional

Necesitamos mentores de oración que sean entrenadores de oración intergeneracional. Mencioné antes *La serie el arpa y la copa* de Dick Eastman. En uno de los tres libros, *Pathways of Delight*, él escribe acerca del valor de los mentores e ilustra el valor de la labor de dichas personas tomando el ejemplo bíblico de los músicos que David designó para el tabernáculo:

Primero, los adoradores tuvieron mentores. Hay algo significativo en la expresión: "Todos estos hombres estaban bajo la dirección de su padre mientras tocaban música en la casa del Señor".

1 Crónicas 25:6, NTV

Eastman continúa diciendo:

Hay algo en el origen de la palabra "mentor" que pudiera ayudarnos a comprender el significado original de este término. De hecho, Mentor era un personaje en el clásico poético de Homero La Odisea. Mentor era el consejero y amigo fiel del rey de Ítaca. Mentor no pasaba solo algunas horas a la semana con el hijo del rey sino que vivía con él en Ítaca cuando el rey no estaba allí.

En segundo lugar, Eastman abunda en el tema afirmando que los adoradores recibían apoyo. Esta reflexión se basa en el texto:

Todos estos hombres estaban bajo la dirección de su padre mientras tocaban música en la casa del Señor... Todos ellos junto con sus familias estaban capacitados para tocar música delante del Señor.

1 Crónicas 25:6-7, NTV

La última y excelente reflexión de Eastman sobre el tema de los mentores, basándose en este mismo capítulo, es acerca de la diversidad de las generaciones representadas: "Los músicos se designaban para los turnos de servicio mediante el sorteo sagrado sin tomar en cuenta si eran jóvenes o ancianos, maestros o discípulos" (v. 8).[2]

Había familias representadas en el tabernáculo de David, así como mentores que les ayudaban a crecer en fortaleza, integridad y habilidad.

Muchos intercesores en mi generación necesitan buscar a jóvenes y niños a quienes puedan apadrinar espiritualmente en la casa de oración. Este tipo de labor como mentores tiene que ser intencional. En la iglesia todavía existe una brecha entre las generaciones y hay que eliminarla si queremos ver todo el poder de un acuerdo intergeneracional. Todavía no hemos visto todo el potencial del poder de Dios sobre las familias, las iglesias y las naciones que tiene lugar como consecuencia de esa clase de oración. Creo que la intercesión no es asunto de enseñarla sino de captarla. Necesitamos mentores que oren con otras generaciones sobre una base regular con el propósito de impartir la bendición y la riqueza que se produce cuando los Abraham, Isaac y Jacob oran juntos.

La primera semana de 1990 un grupo de líderes de oración se reunieron en Bradenton, Florida, para interceder por la década. Lo llamamos "las noventa horas para orar por los años noventa". Oramos por una gran cosecha de almas, especialmente entre los judíos y los árabes.

Uno de mis deleites favoritos era interceder con la gran guerrera de oración Joy Dawson. Ella es especialista orando la Palabra. Nunca olvidaré cuando nos sentamos en un círculo con otros líderes de diferentes generaciones a altas horas de la noche. Lo primero que nos pidió que hiciéramos fue estudiar un pasaje de las Escrituras que tratara sobre una nación en particular. Lo segundo que pidió fue que le pidiéramos al Espíritu Santo que nos mostrara cómo orar por esa región del mundo según el pasaje.

Luego debíamos compartir con los otros lo que el Señor nos estaba diciendo. Hubo momentos en los que Joy nos pedía que nos detuviéramos y examináramos lo que sentíamos con respecto al pueblo por el que estábamos intercediendo. ¿Estábamos preparados para orar con un corazón puro? ¿Había alguna falta de perdón en nuestros corazones? A nivel colectivo, ¿teníamos algún prejuicio con respecto al pueblo por el cual íbamos a pararnos en la brecha?

Luego de este tiempo de preparación, estábamos listos para orar. A menudo Joy nos pedía que nos detuviéramos para que, quieta y cuidadosamente, escucháramos al Señor para saber lo que quería que expresáramos en intercesión ante el trono de Dios. Creo que de aquellas noventa horas de oración y conexión intergeneracional nacieron grandes líderes. Muchas personas recibieron el impacto y la impartición por parte de grandes generales de intercesión como Joy Dawson. Nunca olvidaré esas lecciones de la escuela de la oración.

Para repasar, a continuación listo algunas cosas que aprendimos durante nuestras noventa horas de oración, que se pueden transferir a muchos contextos de oración (no solo la oración intergeneracional):

1. Estudie los pasajes de la Escritura que se relacionan con el tema en el que quiere enfocarse en su tiempo de oración.
2. Dedique tiempo a estar en una tranquila introspección delante del Señor para prepararse para orar.
3. Comparta con otros en su grupo lo que Dios está mostrándole a través de su tiempo de preparación.
4. Traiga sus peticiones ante el trono de Dios.
5. Oren con fe, creyendo que Dios va a responder.

Es una verdad bíblica el hecho de que las generaciones deben enseñarse unas a otras. En mi opinión, ¿acaso no debemos ver esto hecho realidad también en nuestra intercesión?

Soy una apasionada de la impartición intergeneracional y el siguiente pasaje describe con gran exactitud este maravilloso aspecto de ser un seguidor de Jesús:

Hablaremos a la generación venidera del poder del Señor,
de sus proezas, y de las maravillas que ha realizado. Él
promulgó un decreto para Jacob, dictó una ley para Israel;
ordenó a nuestros antepasados enseñarlos a sus descen-
dientes, para que los conocieran las generaciones venideras
y los hijos que habrían de nacer, que a su vez los enseña-
rían a sus hijos. Así ellos pondrían su confianza en Dios
y no se olvidarían de sus proezas, sino que cumplirían sus
mandamientos.

Salmo 78:4-7, nvi

Por supuesto, no solo hay una gran bendición cuando nuestros padres espirituales nos bendicen, sino que es maravilloso
cuando nuestros padres y abuelos biológicos también nos bendicen. En ese sentido, permítame, otra vez, contarle una historia
familiar:

Hace algunos años, iba a hablar en una sesión para mujeres
de la Aglow International en mi ciudad natal de San Antonio,
Texas. Ya que mi mamá todavía vivía allí con su esposo, Tom, y
con mi abuela, me quedé en su casa.

Para aquel entonces mi abuela debía tener unos noventa años.
Una noche llegué tarde a casa porque fuimos a comer después
de la reunión. Cuando llegué a la casa entré de puntillas para no
despertar a mi familia y vi a alguien que estaba arrodillada frente a la cama. Era mi abuela McJilton.

—Abuela—pregunté—¿qué estás haciendo? Probablemente no
habría hecho esa pregunta pero, debido a su edad, quería asegurarme de que se sentía bien.

—Oh, Cindy, ¡ya llegaste!—exclamó con alegría.—Estaba
preocupada por ti y estaba orando por tu seguridad.

Enseguida me acerqué para abrazarla y besarla y olí el dulce
aroma del talco de gardenia que siempre usaba. A pesar de que
ya ha estado en el cielo muchos años, todavía puedo sentir muy

profundamente en mi corazón y mi alma el amoroso respaldo de sus oraciones de aquel día.

Mi estimada amiga Quin Sherrer ha escrito muchos libros maravillosos. Uno de los más dulces es el que escribió basándose en la historia de su propia vida, *Prayers from a Grandma's Heart* [Oraciones del corazón de una abuela].

Quin dice que *bendecir* en el sentido bíblico también significa "pedir o impartir un favor sobrenatural". Cuando le pedimos a Dios que bendiga a nuestros nietos, estamos pidiendo la maravillosa e ilimitada bondad que solo Dios tiene el poder de darles. ¡Cuán amados deben sentirse los niños cuando los abuelos oran por ellos, los bendicen y les imparten su amor de una manera especial![3]

Mi piadosa abuela fue a vivir con el Señor cuando tenía casi cien años. La última vez que la vi estaba en un asilo de ancianos. Había ido a decirle adiós pero el sonido de su voz me detuvo a la salida de la habitación. La autoridad en su voz me dejó paralizada y la miré con asombro mientras yacía allí en la cama acostada boca abajo con los ojos cerrados. No tenía idea de que aún estaba ahí.

"Lo bueno y lo malo", dijo en voz alta. "Ama a Dios con todo tu corazón, con toda tu alma y con toda tu mente. Eso es lo que es bueno".

Esa fue la última vez que la vi, pero detrás de ella dejó un don inestimable para las generaciones de su familia: amar a Dios con todo nuestro ser. Gracias, abuela, por este legado.

En 2 Timoteo, Pablo anima a Timoteo y le recuerda la fe de su madre y de su abuela:

> Traigo a la memoria tu fe sincera, la cual animó primero a tu abuela Loida y a tu madre Eunice, y ahora te anima a ti. De eso estoy convencido.
>
> 2 TIMOTEO 1:5, NVI

Dejar una bendición generacional

La oración generacional, o la intercesión por las generaciones venideras, deja un tesoro de Dios que conduce a una bendición intergeneracional. La siguiente historia es un gran ejemplo:

Cuando George McLuskey se casó y comenzó su propia familia, decidió orar durante una hora diariamente para que sus hijos conocieran y siguieran a Cristo. Después de un tiempo, extendió sus oraciones para incluir a sus nietos y bisnietos. Cada día entre las once y las doce del día, oraba por las tres generaciones.

Con el paso de los años, sus dos hijas entregaron sus vidas a Jesús y se casaron con hombres dedicados al ministerio a tiempo completo. Las dos parejas tuvieron cuatro niñas y un niño. Cada una de las niñas se casó con un ministro y el niño se hizo pastor. Los dos primeros nietos que nacieron en esta generación fueron ambos varones. Cuando se graduaron del colegio, los dos primos escogieron la misma universidad y fueron compañeros de cuarto. Durante el primer año, uno de los dos decidió entrar al ministerio. El otro no. Sin dudas sentía un poco de presión para continuar en el legado de la familia, pero en vez de esto decidió enmarcar su interés en la psicología. Obtuvo un doctorado y, con el tiempo, escribió libros para padres, títulos muy exitosos. Comenzó un programa de radio que se escucha en más de mil estaciones cada día. El nombre de este hombre: James Dobson.[4] James también creó la organización llamada Enfoque a la familia, la organización cristiana sobre la familia más grande del mundo.

Cuando éramos jóvenes padres, Mike y yo siempre orábamos cada noche con nuestros hijos. Teníamos nuestra rutina: por alguna razón, casi siempre escogíamos la cama de Daniel para nuestras oraciones nocturnas. Cada niño, comenzando por Daniel, el menor, oraban en alta voz. Mike terminaba. Esos son todavía unos de mis recuerdos más dulces.

145

Cada mañana y a lo largo de todo el día, oro por mis hijos y nietos y estoy segura de que hay un gran legado que Dios pasará de Mike y de mí a nuestras generaciones.

Incluso si no tiene una herencia de personas temerosas de Dios como en el caso de James Dobson, puede comenzarla ahora, durante su vida. Si no está casado, puede orar por sus sobrinos o sobrinas, o "adoptar" niños en intercesión. Tengo una amiga que es misionera y, aunque ella nunca ha tenido hijos biológicos, es la "abuela" de los niños de jóvenes parejas que ha guiado al Señor. Ora por su legado espiritual de manera regular. Esto es importante porque Dios hace habitar en familia a los solitarios (Salmo 68:6).

Si está soltero, lo animo para que haga algo similar. Busque algunas personas jóvenes de su iglesia o su comunidad y "adóptelas" en oración. Les será de mucha bendición cuando les diga lo que está haciendo, si están en la posición de querer escucharlo. ¡Quién sabe, puede que termine con una gran familia "adoptada" a través de su intercesión por ellos!

Otra idea es que las iglesias locales intencionadamente pongan a las generaciones a orar unas por otras. Esto puede hacerse a través de los grupos de mujeres trabajando conjuntamente con los ministerios de niños y jóvenes. El ministerio de hombres también podría adoptar el mismo enfoque. Muchas grandes ideas nunca se hacen realidad porque no hay una persona que esté deseosa de asumir una tarea. No espere por alguien más; decida que usted será la respuesta. A veces la necesidad es el llamado.

Mi buena amiga Cheryl Sacks escribe acerca de una relación que Dios le dio para ayudarla en la oración. Esto es lo que dice:

> Acababa de mudarme de regreso a Texas desde Florida para estar con mi mamá después de la trágica muerte de mi papá. Estaba devastada, sin trabajo y mi próximo paso

era buscar al Señor. Tenía la fortuna de tener una madre que oraba y un beneficio añadido era que su mejor amiga, Hazel, quería pasar tiempo conmigo para ayudarme a desarrollar mi fe y mi vida de oración. Nunca me dijo que esa era su intención y nunca usó la palabra mentor. Ciertamente no tenía idea de que ella era mi mentora. Pero sospechaba que Hazel sabía exactamente lo que estaba haciendo. Durante más o menos siete meses, Hazel y yo pasábamos casi todos los días un tiempo juntas. A veces salíamos juntas a almorzar, a tomar café o a caminar en el centro comercial. La mayoría de las veces asistíamos a estudios bíblicos y servicios cristianos. Cada vez que estábamos juntas, Hazel me preguntaba: "¿Cómo estás? ¿Cómo puedo orar por ti? ¿Hay algo que pueda hacer por ti?".[5]

Cheryl se convirtió en ministra, autora y una de las voces más importantes en el movimiento de oración de los Estados Unidos. Me pregunto qué habría pasado con Cheryl sin la influencia de Hazel en su vida. Cheryl tiene también una madre piadosa que intercede por ella de manera regular. Cuando usted da el paso para animar y orar por la siguiente generación, nunca sabrá cómo Dios puede usar a esa persona o qué resultará de su inversión.

La casa de Dios debe ser un lugar de oración para todas las generaciones. Tristemente, nuestras reuniones de oración son casi siempre los encuentros semanales en los que las generaciones están más segregadas. Incluso si los niños asisten, a menudo se los llevan a la guardería; o si se quedan, nosotros tenemos muy en cuenta el adagio que dice que los niños deben verse pero no escucharse. Estoy de acuerdo con Esther Ilnisky. *¡Deje que los niños oren!* No solo eso, los niños deben ver a los jóvenes orar y los jóvenes deben orar con los adultos. Entonces realmente nos habremos convertido en una "casa de oración para todas las naciones".

Por supuesto, cada generación necesita tiempo para orar aparte. Esto también es necesario. Uno no puede esperar que un niño o un joven ore en alta voz si nunca lo han enseñado a orar junto con sus compañeros de edad. Las iglesias necesitan pensar acerca de poner un gran énfasis en establecer "áreas de oración" como lo han hecho en el establecimiento de "áreas de juego". Hay muchas herramientas divertidas y emocionantes para enseñar a orar a los niños. Una es la de la pelota suave que los niños se lanzan unos a otros. El que captura la pelota dice: "¡Voy a orar por todos los niños en Iraq!" o cualquier otro país sobre el que reposan sus manos. Las canciones acerca de la oración son poderosas también en la intercesión. Se pueden pintar mapas del mundo en el piso de sus "áreas de oración" y los niños pueden pararse encima de una nación en particular e interceder por ella.

Con respecto a la oración colectiva, piense con antelación cómo puede integrar a todas las generaciones en el tiempo de intercesión. Tal vez quiera contactar a los padres de varios niños, o hablar con el pastor de niños para ver a quiénes Dios ha usado en las reuniones de oración para que oren alta voz. La oración intergeneracional es divertida y tiene sus recompensas. Hagamos de nuestra casa, ya sea de nuestro hogar o de nuestra iglesia madre, una casa de oración bíblica para todas las naciones. Esto producirá un gran fruto en nuestros hijos y en los hijos de nuestros hijos.

¿Acaso no es emocionante pensar en el libro de recuerdos que Dios puede estar escribiendo sobre su familia y su iglesia? Las generaciones se levantarán y te llamarán bendita/o por lo que estás haciendo por ellas al establecer un legado de oración. Yo puedo ver la mía *ahora*, en la medida en que *mi abuela oró por Malaquías, Caden, Zion y Lilli, (incluyendo todos los futuros nietos o bisnietos), y cada uno de ellos se ha hecho grande en el reino de Dios.* Para Mike y para mí, ese es nuestro sueño. ¿Por qué no establece un legado de oración intergeneracional en su familia?

⬱ Capítulo nueve ⬰

La oración de proclamación

proc.la.ma.ción—algo que se *proclama; específicamente:* un anuncio público formal y oficial.

*L*a oración de proclamación es decretar que la voluntad de Dios se hace en la tierra como en el cielo. Traer la voluntad de Dios a la tierra, como se hace en el cielo.

La Oración del Señor es un ejemplo de esta clase de oración (Mateo 6:9-13). ¡Esta puede tener resultados dramáticos!

Bill Johnson, autor y pastor de la Iglesia Betel en Redding, California, llevó a un equipo de su iglesia a la ciudad de Tijuana, México. Su tiempo en Tijuana es un ejemplo excelente de cómo la oración de proclamación puede traer la intervención de Dios a una ciudad.

El equipo se reunió a las seis de la tarde en un escenario cerca de Tijuana central, en una calle donde viven prostitutas, miembros de bandas y donde existe un comercio de drogas flagrante. A medida que el equipo entraba en un maravilloso y poderoso tiempo de adoración y oración, las personas de las zonas cercanas empezaron a venir. Eso mismo sucedió cuando en el libro de Hechos, las personas se reunieron alrededor de los hombres de Dios para ver lo que estaba pasando en el Espíritu.

Sin embargo, la lluvia había estado amenazando durante la mayor parte del día y empezó a caer luego de unos minutos después de haber comenzado el ministerio de oración. Bobby Brown, uno de los líderes de jóvenes de la iglesia, sabía que si la lluvia continuaba, disminuiría lo que él sabía que Dios quería llevar a cabo aquella noche. Agarró el micrófono y dijo a la multitud que Dios iba a parar la lluvia. Así habló y luego hizo una corta oración y la lluvia paró, dejando a la multitud asombrada y preguntándose cómo había sido posible. Las personas no pudieron evitar sentirse atraídos. Un simple vistazo a la multitud revelaba su deseo de la presencia de Dios y su profundo anhelo por una revelación de su amor.

El equipo predicó durante seis horas, recibió palabras de sabiduría, guió personas al Señor y vio muchos milagros de sanidad. Era como si lo que estaba pasando tuviera un empuje en sí mismo, porque iba más allá de toda comprensión. El equipo estaba trabajando mano a mano con Dios, el reino estaba viniendo y el equipo era simplemente una vasija por medio de la cual el evangelio hacía su trabajo. Hubo al menos seis llamados al altar, pero incluso entre uno y otro llamado para recibir a Jesús, el equipo se conectaba con personas que estaban alrededor del escenario. Más de cien personas recibieron a Cristo aquella noche, incluyendo cinco prostitutas, un inmigrante de Irán y un hombre al que le habían sacado un ojo durante una pelea.[1]

La clase de oración de proclamación que hizo Bobby Brown puede resultar inusual para algunas personas en la iglesia actual. Sin embargo, orar de esta forma es completamente bíblico. Bobby estaba trabajando conjuntamente con Dios a través de la intercesión para ver su voluntad hecha en aquel lugar y detener la lluvia fue parte del avance del reino esa noche.

¿Qué habría pasado si Bobby no hubiera ejercido autoridad sobre la lluvia aquella noche mediante una oración de proclamación? Es probable que más de cien personas todavía estuvieran atadas a una eternidad en oscuridad. Cuando menos, su liberación de la cautividad se habría demorado. Esto me lleva a preguntarme cuántas veces podríamos haber visto el poder de Dios manifestándose de formas sobrenaturales a través de la oración, pero no supimos cómo interceder de manera tal que el plan de Satanás se detuviera y el propósito de Dios avanzara. La historia de Tijuana resalta lo que puede suceder cuando al menos una persona se levanta con fe. Para este joven decidido, un aguacero no iba a impedir que se hiciera la voluntad de Dios en un momento en que él y su equipo creyeron que Dios los había llamado a cosechar almas para su reino.

Proclamar la voluntad de Dios en la tierra

La buena noticia es que usted también puede aprender a proclamar la voluntad de Dios en la tierra. Las oraciones de proclamación son una forma de intercesión donde la voluntad de Dios se decreta sobre una situación determinada y cualquier cosa contraria a ella se sujeta. ¿Quiere saber cómo orar así? El primer paso en la oración de proclamación es darse cuenta de que usted tiene un rol activo para hacer posible que la voluntad de Dios se haga en la tierra. La iglesia que ora es el cuerpo de gobierno de Dios en la tierra.

Hace aproximadamente quince años, me tropecé con el pasaje que anteriormente cité, Mateo 6:10, durante mi lectura regular de la Biblia. Había dicho la Oración del Señor en muchas ocasiones antes de esto, pero nunca había creído que Dios quería que su reino viniera de alguna manera durante mi vida. Siempre igualaba el reino de Dios con el Cielo.

Muchos de nosotros alrededor del mundo sabemos que hay un reino futuro, pero también hay un reino presente. Con el objetivo de ver su reino venir, ¡tenemos que hacer nuestra parte para que eso suceda! Esto es especialmente cierto cuando se trata de la intercesión y de la oración de proclamación, la cual es una de las herramientas más poderosas que tenemos para asegurar que eso suceda.

Cuando proclamamos y decretamos la voluntad de Dios a través de la intercesión, estamos funcionando según el rol para el que fuimos creados como iglesia, o *ekklesia*. El papel que tenemos como la iglesia que ora en la tierra es de hecho gubernamental en su naturaleza. Con esto quiero decir que Dios nos ha llamado y nos ha dado autoridad como creyentes para gobernar (es decir, supervisar, liderar y administrar) la tierra según su voluntad. Note la primera vez que Jesús habló de la iglesia:

> Y yo también te digo, que tú eres Pedro, y sobre esta roca edificaré mi iglesia; y las puertas del Hades no prevalecerán contra ella. Y a ti te daré las llaves del reino de los cielos; y todo lo que atares en la tierra será atado en los cielos; y todo lo que desatares en la tierra será desatado en los cielos.
>
> Mateo 16:18-19

Dutch Sheets dice lo siguiente sobre este pasaje en su libro *Authority in Prayer* [La autoridad en la oración]:

> Cuando Jesús usó la palabra iglesia (del griego: *ekklesia*), los discípulos no tenían la limitación de nuestras ideas contemporáneas preconcebidas acerca de su significado. Su paradigma de una *ekklesia* difería grandemente de aquello en lo que se ha convertido. Para nosotros hoy es (1) un servicio de adoración; (2) un edificio que usan los cristianos; (3) una congregación local de cristianos; o (4) para aquellos que tienden a buscar un significado más literal, el pueblo de Dios, "llamado fuera" del mundo. El último concepto es el más exacto, de acuerdo a una traducción estricta, pero todavía se queda corto a la hora de

comunicar lo que era una *ekklesia* cuando Cristo hizo su asombroso anuncio.

Para los griegos en la época de Cristo una *ekklesia* era una asamblea de personas destinadas a gobernar los asuntos de un estado o una nación, en esencia, un parlamento o congreso. Para los romanos era un grupo de personas enviadas para conquistar una región con el objetivo de *cambiar la cultura*, hasta que fuera como la de Roma. Conscientes de que esta era la forma ideal para controlar un imperio, se infiltraban en el gobierno, en las estructuras sociales, en el idioma, en las escuelas, etc., hasta que las personas hablaban, pensaban y actuaban como romanos.[2]

En la actualidad nosotros somos la *ekklesia* de Cristo, somos su cuerpo de gobierno en la tierra para asegurar que se haga su voluntad. Si no gobernamos a través de la intercesión, las puertas del Hades prevalecerán. En los tiempos bíblicos, el Hades era un lugar muy temido en Asia Menor. Investigué bastante acerca de este tema para mi libro *Libéranos del mal*. La autoridad que nosotros, la *ekklesia*, tenemos sobre los poderes de maldad está escrita en Efesios 4:8-10: "Por lo cual dice: Subiendo a lo alto, llevó cautiva la cautividad, y dio dones a los hombres.

Y eso de que subió, ¿qué es, sino que también había descendido primero a las partes más bajas de la tierra? El que descendió, es el mismo que también subió por encima de todos los cielos para llenarlo todo".

El libro de Efesios está lleno de declaraciones de autoridad. Cuando uno estudia las palabras en el griego, junto con el conocimiento de que los griegos adoraban a muchos dioses, esto da una idea de cuán poderosa es la declaración que se hace en este pasaje. Dios nos está diciendo literalmente: "Yo te he dado dones para vencer los peores y más temidos poderes de la oscuridad por medio de mi nombre para que puedas llenarlo todo".

Las llaves para atar y desatar

Cristo llevó "cautiva la cautividad" descendiendo primero a las partes más bajas de la tierra. Su salida de esos lugares claramente demuestra que Cristo derrotó el dominio del Hades, el infierno, o lo que el Antiguo Testamento llama el *Seol*.[3]

En los días de Pablo, estos espíritus del Hades tenían nombres tales como *Hekate*. Las personas reverenciaban a esta particular diosa del infierno y consideraban que tenía autoridad sobre "las llaves del Hades".[4] Cristo descendió al Hades y le quitó esas llaves a Satanás y a todos los poderes del infierno y nos las entregó para que funcionáramos como su cuerpo de gobierno en la tierra (Mateo 16:19; Apocalipsis 1:18).

Con estas llaves podemos atar y desatar aquellas cosas que Satanás está tratando de usar para establecer su dominio en la tierra. Incluso a los niños pequeños podemos enseñarles que no deben tener miedo, porque a ellos también se les ha dado esta clase de autoridad sobre el mundo de la oscuridad.

Desearía haber sabido esto cuando era niña. En aquel entonces, tenía mucho miedo a los vampiros. Me escondía debajo de las cobijas durante la noche y dejaba un pequeño espacio para respirar, pensando que así no podrían verme. ¡No sé cómo pensaba que no iban a ver aquel pequeño bulto de mi cuerpo en la cama! Pero incluso con mi cuerpo de niña, podía haber lanzado aquellas cobijas y proclamado: "¡En el nombre de Jesús, no tengo que tener miedo de ti, espíritu de temor! ¡Está escrito que puedo resistir al diablo y huirá de mí!".

La autoridad de Dios siempre está disponible, incluso para las pequeñas niñas miedosas (Santiago 4:7). ¿Acaso no es grandioso que podamos enseñar a nuestros hijos a no tener miedo porque Dios nos ha dado las llaves del reino y la autoridad sobre el temor?

Necesitamos comprender que podemos decir oraciones de proclamación con autoridad y que nuestras oraciones pueden ayudar a que las cosas en la tierra entren en el orden del reino. Esto debe comenzar con nosotros desde la época en que somos niños pequeños tratando de dormir en la oscuridad, hasta que nos convertimos en adultos y ejercemos gran autoridad sobre la oscuridad espiritual que está invadiendo nuestras ciudades y naciones.

En segundo lugar, como miembros de la *ekklesia* de Dios o de su cuerpo de gobierno en la tierra, y mediante el uso de las llaves del reino de los cielos, tenemos el poder para discernir aquellas cosas que están tratando de impedir que se haga la voluntad de Dios. Las llaves se usan para abrir y cerrar puertas. Uno tiene que encontrar la llave correcta para abrir una puerta, no funciona cualquier llave. El mismo Jesucristo cuando ascendió al cielo nos dio las llaves del reino que abren puertas cerradas, las llaves para desatar su voluntad en la tierra de modo que la voluntad de Dios llene todas las cosas. No podemos usar la sabiduría natural: es la Palabra de Dios y el conocimiento de su voluntad en una situación determinada lo que nos ayuda a saber qué abrir y qué cerrar.

Las oraciones de proclamación abren puertas cerradas. Nuestra voz, bajo el poder el Espíritu Santo, decreta su voluntad. Por medio de la proclamación decretamos algo y atamos o desatamos.

El pastor y autor Gary Kinnaman ofrece la siguiente base teológica para atar y desatar: El uso de *atar* y *desatar,* de hecho, no se originó con Jesús. Era una expresión frecuente en el dialecto rabino judío del primer siglo. Según Alexander Bruce en *The Expositor's Greek New Testament, atar* y *desatar*—griego: *deo* y *luo*—significaban simplemente "prohibir" y "permitir", es decir, establecer (Vol. 1, 225). Las autoridades judías en la época de Jesús se reservaban el derecho de establecer pautas, o claves, para la práctica religiosa y la interacción social. Pero *deo* (atar) también significa un *"control sobrenatural"*. En Lucas 13:15-16, Jesús amonestó a un líder judío: "Hipócrita, cada uno de vosotros ¿no desata (*luo* [desatar]) en el día de reposo su buey o su asno del pesebre y lo lleva a beber? Y a esta hija de Abraham, que Satanás había atado dieciocho años, ¿no se le debía desatar *(luo* [desatar]) de esta ligadura en el día de reposo?".[5]

Cuando comprendemos nuestra autoridad en su nombre y a través de la Palabra para proclamar la voluntad de Dios en la tierra, es posible controlar el poder del enemigo. Cuando oramos con autoridad, *todas las cosas* se sujetan a las reglas del reino de Dios.

Apropiándonos de nuestra autoridad en Cristo

Nuestro entrenamiento para la intercesión del reino a través de la oración de proclamación tiene que comenzar a nivel personal y luego aprenderemos a funcionar como una *ekklesia* en intercesión. Evidentemente Bill y Beni Johnson han enseñado muy bien a los estudiantes su autoridad en Cristo, como se evidencia en la historia que abre este capítulo. Profundizaremos más con respecto a nuestro funcionamiento en nuestro rol como *ekklesia* en el último capítulo, "La intercesión del reino".

Para algunos puede parecer extraño que el joven líder de la iglesia de Bill Johnson mandara la lluvia a detenerse. ¡Esa no es una oración que uno suele escuchar en el servicio dominical en la iglesia! No obstante, no es en lo absoluto una oración antibíblica. Recuerde la historia de Jesús cuando cuestionó el temor y la "poca fe" de sus discípulos en medio de una tormenta:

> Y entrando él en la barca, sus discípulos le siguieron. Y he aquí que se levantó en el mar una tempestad tan grande que las olas cubrían la barca; pero él dormía. Y vinieron

sus discípulos y le despertaron, diciendo: ¡Señor, sálvanos, que perecemos! Él les dijo: ¿Por qué teméis, hombres de poca fe? Entonces, levantándose, reprendió a los vientos y al mar; y se hizo grande bonanza.

MATEO 8:23-26

En otras palabras, Jesús está diciendo a sus discípulos que si su fe hubiera sido mayor, podrían haber ejercido su autoridad sobre la tormenta sin necesidad de su intervención. Según la sección "La riqueza de la Palabra" de la *Spirit-Filled Life Bible,* las palabras *poca fe* provienen de *oligos,* "pequeño" y *pistos,* "fe" (#3640 en el Strong), describiendo una fe a la que le falta confianza o que cree muy poco. Otra forma de llamarla es "fe sin desarrollar" en oposición a la incredulidad o la desconfianza declarada *(apistis).*[6]

Algunos de nosotros cuando estamos en medio de las tormentas de la vida clamamos a Dios: "¿Por qué no haces algo acerca de mi situación?". Como creyentes, sin embargo, ¡ya tenemos la llave para cambiarla! Podemos atar y desatar y ejercer autoridad sobre la situación con la que estamos lidiando actualmente en nuestras vidas. Estoy convencida de que hay momentos en los que Jesús nos mira y nos dice desde el cielo: "¡Usa la llave! ¡Ejerce tu fe! Ordena a la tormenta que se *calme".*

El incidente de los discípulos no fue la única ocasión en la que Jesús demostró poder y autoridad sobre la creación y exhortó a los discípulos para que tuvieran fe. También lo hizo después de hablar con el árbol de higuera y proclamó u ordenó, diciendo: "Nunca jamás nazca de ti fruto" (Mateo 21:19).

Los discípulos se asombraron grandemente cuando la higuera se marchitó en ese mismo instante. De hecho, la Biblia dice que se maravillaron. ¡Yo también me habría maravillado! Me encanta el pasaje de las Escrituras que sigue a continuación de este suceso:

> De cierto os digo, que si tuviereis fe, y no dudareis, no sólo haréis esto de la higuera, sino que si a este monte dijereis: Quítate y échate en el mar, será hecho. Y todo lo que pidiereis en oración, creyendo, lo recibiréis.
>
> Mateo 21:21-22

Note una enseñanza muy importante de este pasaje: Jesús había hecho una *proclamación* y la incluyó en la oración en este caso. Hay otras formas de oración pero, en este caso, Jesús usó la oración de proclamación. De hecho, enseña que *"si a este monte dijereis: Quítate y échate en el mar, será hecho"*. En este caso, el *decir* con fe era una forma de *orar*.

Cuando era una joven madre de treinta años, ya había escuchado algunas enseñanzas acerca de ejercer autoridad sobre la creación en el nombre de Jesús. Durante mis devocionales había estado meditando en el pasaje de Mateo 21 acerca de pedir con fe.

Era un caluroso día de verano en El Paso, Texas, y abrí la manguera para regar las plantas de modo que pudieran sobrevivir al calor brutal del desierto. Después de un rato salí afuera porque necesitaba cerrar la manguera. Para mi asombro, el grifo estaba lleno de sedientas abejas que aprovechaban las gotas que salían de la débil conexión de este con la manguera. Pensé: "¡Bueno, tengo autoridad sobre estas abejas!" y empecé a amonestarlas.

Luego de un momento me detuve, disgustada porque ¡no estaban prestando la menor atención a mi proclamación para que se fueran! Regresé a la casa y encendí la radio en una estación cristiana mientras limpiaba la casa. Un maestro tras otro estaba exponiendo el mensaje de fe.

De repente salté y llena de fe salí afuera y proclamé: "¡En el nombre de Jesús: abejas, váyanse del grifo!" En ese mismo instante todas las abejas levantaron el vuelo y pude cerrar el grifo. Fue grandioso que pudiera cerrar la llave, pero ¿qué más sucedió? Mi poca fe se convirtió en una gran fe y produjo grandes resultados.

Dutch Sheets nos da una lista de cosas sobre las que Jesús ejerció dominio y autoridad mientras estuvo en la tierra:

1. Estableció autoridad sobre las leyes de la naturaleza, al caminar sobre el agua (Mateo 14:25).
2. Controló las fuerzas de la naturaleza, al alterar los patrones del clima (Marcos 4:39).
3. Pasó por encima de las leyes de la física al multiplicar la comida, transformar el agua en vino, transportar su cuerpo físico de un lugar a otro y destruir árboles con solo hablarles (Mateo 15:36; Juan 2:9; 6:20-21; Marcos 11:13-14, 20).
4. Demostró autoridad sobre el mundo animal, al usar un pez para recoger el dinero que se necesitaba para un impuesto (Mateo 17:27).
5. Ejerció dominio sobre las enfermedades al sanar a multitudes (Hechos 10:38).
6. Incluso ejerció poder sobre la muerte, al traer a los muertos de regreso a la vida (Juan 11:43-44).[7]

Usar la oración de proclamación

Es importante notar que Jesús no ejerció autoridad sobre estas cosas de manera arbitraria; había un razonamiento divino detrás de sus acciones. El mismo principio se aplica hoy a nosotros. Puede que tengamos la autoridad que se nos ha dado sobre la naturaleza, pero no tenemos el derecho en ningún momento de cambiar los patrones del clima del planeta para nuestros propios motivos egoístas. En el caso de las abejas y el grifo, necesitaba cerrar la llave de agua o mis plantas se habrían arruinado y mi cuenta del agua se habría disparado hasta los cielos.

También es importante que no digamos oraciones de proclamación con presunción. Por ejemplo, puede que usted esté parado en la margen de un río que está creciendo y decrete que va a caminar sobre el agua, ¡solo para encontrarse nadando para salvar su vida unos minutos después!

Es bueno comenzar a ejercitar su fe en las cosas pequeñas de modo que pueda hacer oraciones de proclamación con decisión cuando sean necesarias, tal como sucedió con el equipo de Bill Johnson en Tijuana.

A lo largo de los años, he crecido en mis niveles de fe mientras oro y en mi comprensión del uso de la oración de proclamación. Un ejemplo dramático de oración de proclamación tuvo lugar durante un gran encuentro de oración que se denominó el Llamado de Nashville, el 7 de julio de 2007.

Más de 70 000 líderes de jóvenes y de oración se reunieron en un enorme estadio deportivo al aire libre en Nashville, Tennessee, para orar por los Estados Unidos. El Llamado lo dirigió un hombre llamado Lou Engle, quien pelea apasionadamente por los derechos de los niños no nacidos. Si bien hubo muchas causas por las que oramos ese día, la lucha para poner fin al aborto fue ciertamente un tema central.

Era un día caluroso. ¡La clase de calor que nos hace pensar que no queremos estar ni un segundo en "aquel lugar de juicio eterno"! Si bien las oraciones eran poderosas y fervorosas, se podía advertir que la multitud estaba sintiendo el tremendo calor. El equipo pasaba constantemente botellas de agua y animaba a las personas para que se mantuvieran hidratadas, pero la gente caía como moscas bajo el sol abrazador.

Finalmente Lou se me acercó y me dijo: "Cindy, las autoridades quieren suspender la reunión porque muchas personas se están desmayando. Haz algo, por favor". Sabía que quería que orara, ¿pero cómo orar por tal cosa? Caminé por la plataforma durante unos minutos y luego supe qué hacer. Busqué a un joven con el que pudiera establecer compañerismo para hacer una oración de proclamación muy seria, alguien a quien meter en la brecha conmigo. El joven a quien me aproximé tenía una mirada muy radical. Podía decir que era la persona indicada por la manera en que había estado orando durante toda la mañana.

"¡Ven conmigo!", le dije (imparcialmente más bien, en retrospectiva). No vaciló ni un segundo, sino que me siguió, mientras le comentaba acerca de la situación.

Al mirar al cielo, nos dimos cuenta de que no había ni una nube, ni siquiera una pequeñita que Dios pudiera hacer crecer.

Mirando atrás, ahora sé que el entrenamiento que comenzó con las abejas en el grifo de agua me iba a servir más adelante. No tenía ni una duda en mi mente de que íbamos a ver un milagro aquel día.

¿Cómo oramos? Simplemente miré a mi compañero de oración y le dije: "¡Arrodillémonos y oremos!".

Se arrodilló como un buen soldado del Señor. Y oramos. Luego de un rato me levanté y mire al cielo…nada. Otra vez oramos de rodillas. Finalmente lo miré y le dije: "Ahora vamos a apuntar hacia el cielo y ordenar a las nubes que vengan".

Esta fue nuestra proclamación: "En el nombre de Jesús, ordenamos a las nubes que vengan de las cuatro esquinas de la tierra y cubran este estadio. Hablamos al norte, al sur, al este y al oeste. *¡Nubes, vengan!*".

¿Vinieron? Por supuesto que sí. Después de aproximadamente quince minutos alzamos la vista y había unas pocas nubes y luego más nubes blancas y maravillosas comenzaron a amontonarse encima del estadio, hasta cubrirlo con una capa que al menos protegía a las personas del intenso calor.

¿Cómo lo hizo Dios? No tengo idea.

Pero eso no fue todo. Cuando se completó aquella maravillosa capa de nubes, le dije a mi joven guerrero de oración: "Ahora ordenemos a los vientos que soplen".

Para ese entonces ya nos sentíamos un poco eufóricos y llenos de fe. Esta fue nuestra segunda oración de proclamación: "Padre

Dios, ¡ordenamos a los vientos que vengan! ¡Vengan del norte, del sur, del este y del oeste y soplen sobre este estadio!".

Luego venía la parte de fe: Levanté mi dedo índice al aire con expectación. Y, con toda seguridad, después de unos minutos pude sentir la brisa que golpeaba mi dedo sudado. La reunión continuó sin interrupción y la voluntad de Dios se cumplió.

¿Todo esto le suena *loco*? ¿Cree que el hecho de que vinieran las nubes y el viento aquel día en Nashville fue solo una coincidencia? Puedo entender su escepticismo pero recuerde, la Biblia nos ofrece muchas evidencias en la vida de Jesús y en los líderes del Antiguo Testamento (por ejemplo, Moisés y el mar Rojo) donde se usan oraciones de proclamación con respecto a elementos físicos.

Una mirada a la oración de declaración

Nuestro uso de la oración de proclamación también puede incluir *decretar* la voluntad de Dios en la tierra. Un decreto de oración es la orden que trae la voluntad de Dios a una situación determinada, al declarar que algo es atado (hecho ilegítimo) o desatado (hecho legítimo). Un ejemplo bíblico de esto se encuentra en el poderoso pasaje que habla sobre las naciones en el Salmo 2:7, 10-11:

> Yo publicaré el decreto: Jehová me ha dicho: "Ahora, pues, oh reyes, sed prudentes; Admitid amonestación, jueces de la tierra. Servid a Jehová con temor, y alegraos con temblor".

Note que en este pasaje Dios está usando a una persona para que *decrete* su voluntad en la tierra. Este poderoso pasaje, escrito por un rey, está decretando la voluntad de Dios por medio de una declaración profética: que los jueces de la tierra servirán a Jehová.

Otro salmo de declaración que a menudo se usa en la oración de proclamación es el Salmo 24:7-10:

> Alzad, oh puertas, vuestras cabezas, y alzaos vosotras, puertas eternas, y entrará el Rey de gloria. ¿Quién es este Rey de gloria? Jehová el fuerte y valiente, Jehová el poderoso en batalla. Alzad, oh puertas, vuestras cabezas...Y entrará el Rey de gloria. ¿Quién es este Rey de gloria? Jehová de los ejércitos, Él es el Rey de la gloria.

En diversas ocasiones me he parado con compañeros de oración en las fronteras de países cerrados al evangelio y he declarado este salmo. Y ha habido momentos en los que parecía que las puertas estaban herméticamente cerradas en países comunistas o en otros países con acceso restringido y usamos el Salmo 24 para ayudar a derribar las barreras de entrada.

Hace muchos años sentimos que Dios nos guiaba a viajar a un país comunista para tener un tiempo estratégico de oración y ministración. Pero uno o dos días antes de nuestra partida, la aprobación de la visa todavía no había llegado. Nuestro personal de Generales Internacionales proclamó el Salmo 24 para que se abriera la puerta de la nación. Poco tiempo después y cuando ya casi debíamos viajar, recibimos nuestras aprobaciones y estábamos autorizados para entrar a la nación. ¿Habría venido la visa sin nuestra oración de proclamación? Tal vez, pero he conocido a otras personas que han tenido que cancelar o posponer viajes misioneros debido a complicaciones o retrasos con las visas. Al menos yo creo que Dios obró en los líderes del gobierno que debían aprobar nuestras visas.

Herramientas de la oración de proclamación

1. Atar y desatar: Esta oración atará las obras del enemigo y desatará la voluntad legal de Dios en una situación determinada.

2. Proclamación de las Escrituras: Escoger pasajes apropiados de las Escrituras para proclamar la voluntad de Dios.

3. Decretos: Dar una palabra profética de parte de Dios con el objetivo de cambiar una situación actual que es contraria a la voluntad de Dios.

4. Declaraciones: Declarar la voluntad de Dios bajo la inspiración y la guía del Espíritu Santo.

Dick Eastman cuenta la historia de cómo Dios le dijo que hiciera una declaración en el campus de su alma máter, North Central Bible College:

> Al llegar al frío campus de Minneapolis, no tenía idea de cómo procesar la extraña promesa que Dios me había dado antes de mi llegada: que vería algo nuevo que nunca había visto antes. Antes de la reunión de la mañana en la capilla, la primera del semestre, Dios me mostró muchas cosas que podía esperar durante esa semana. Su voz era tan clara como siempre y decidí escribir aquellos puntos, con el objetivo de compartir aquellas promesas con el cuerpo estudiantil. La lista incluía diez declaraciones. La número dos sobresalía por encima del resto: "Habrá una ola de sacrificios en este campus diferente a cualquier cosa que hayamos visto antes. Será el comienzo de una vida de discipulado total".

Parado delante de los estudiantes, leí la lista. Me di cuenta de que algunos estudiantes murmuraban entre ellos y se miraban unos a otros, confundidos. Rápidamente expliqué que yo estaba tan confundido como ellos y les pedí su cooperación para permitir que Dios hiciera su voluntad. Los estudiantes respondieron favorablemente. La primera noche de la semana llegó y pasó. Fue ciertamente una noche memorable. Nadie se fue de la capilla antes de la medianoche. Para la noche siguiente, una serie de milagros ya había comenzado a suceder. El auditorio parecía estar inflamado con la presencia de Dios. Era la noche en la que Dios había prometido "un nuevo discipulado" y "una ola de sacrificios".

Estaba a punto de concluir lo que pensaba eran mis últimas consideraciones cuando algo asombroso ocurrió. Una estudiante que se había ido hacía cinco minutos regresaba y se dirigía directo a la plataforma. Tenía en su mano un objeto negro. Era su billetera. De pie frente a un auditorio colmado de compañeros, agarró el micrófono.

"Dios me dijo que fuera a buscar esto a mi habitación. Es todo lo que tengo. Me dijo que lo hiciera ahora, antes de que terminara este servicio". Se dirigió a mí para darme la billetera y bajó con torpeza de la plataforma.

De repente, una fuerte ola de convicción cayó sobre los cuatrocientos estudiantes. Venían de todos lados hacia la plataforma. Estaban vaciando las billeteras; la mayoría daban todo lo que tenían.

Sin embargo, los dólares no fueron lo único que entregaron aquella noche. Los estudiantes comenzaron a salir de la capilla luego de unos minutos de que cayera la convicción. Una vez más, el Espíritu Santo los movía. Después de dos horas la plataforma lucía como un mercado: televisiones, instrumentos, álbumes, radios, implementos deportivos, fotografías, un rifle y un abrigo de visón.[8]

Declarar o decretar la voluntad de Dios bajo la inspiración del Espíritu Santo tiene el poder de cambiar la atmósfera espiritual en una situación determinada y traer el cielo a la tierra.

Capítulo diez

La intercesión del reino

El 1 de junio de 2009 Mike y yo estábamos en Hong Kong, parados en la pista de aterrizaje del histórico Hotel Península, observando el increíblemente hermoso puerto. Nuestra amiga Linda Ma estaba señalando al estadio que el día anterior habíamos usado para el Día Global de Oración. Mientras la escuchaba contar cómo habían arrendado aquel lugar y cómo habían rodeado el puerto con miles de intercesores en doce sitios diferentes, mi mente se remontó al tiempo de oración que habíamos tenido el día anterior. El estadio estaba lleno de cristianos chinos así como de visitantes internacionales. Un coro de aproximadamente quinientas voces levantaba su alabanza al Dios todopoderoso.

El Día Global de Oración lo inició un hombre de negocios de Sudáfrica llamado Graham Power. Este era el noveno año del evento global y había crecido como el fuego ardiente, quemando el camino para unir continentes. En este último encuentro de oración, había alcanzado un zenit que nadie podía haber soñado años atrás: personas de 220 naciones de la tierra se reunieron para adorar y orar a una voz.

Surgió un tema que abarcó todas las naciones de la tierra: *¡Oh Dios! Venga tu reino. ¡Hágase tu voluntad, como en el cielo, así también en la tierra!* Aquel día se escucharon las oraciones de los creyentes en diferentes sectores de la sociedad. Los líderes del movimiento mundial de oración prefieren llamarlos las siete montañas de la sociedad. Varios grupos usaban colores específicos para distinguirse; por ejemplo, las personas de negocios usaban un color y los educadores otro. El coro desplegaba grandes carteles que mostraban un color diferente cada vez y las miles de personas que estaban orando se ponían de acuerdo para que Dios tocara ese sector de la sociedad.

Una y otra vez oraciones como estas removían el cielo y la tierra: "Padre Dios, queremos ver los medios de comunicación dedicados a ti y usados para el avance de tu reino y para glorificar tu nombre". Otros grupos oraban de manera similar por sus "montañas" de influencia respectivas.

El Día Global de Oración es un ejemplo perfecto de lo que yo llamo intercesión del reino, es decir, la oración que va más allá de nuestras necesidades personales hacia una visión mayor para que venga el reino de Dios al mundo. Mi travesía en la intercesión del reino comenzó hace aproximadamente quince años, cuando el Espíritu Santo me puso en la senda para descubrirla. Un día mientras leía mi Biblia, me encontré con un pasaje que parecía saltar de la página:

> Y será predicado este evangelio del reino en todo el mundo, para testimonio a todas las naciones; y entonces vendrá el fin.
>
> MATEO 24:14

Como seguidora de Cristo, mi pasión siempre ha sido ver el poder de Dios tocando mi barrio, mi ciudad y mi país. Incluso cuando era niña, recuerdo que tenía el anhelo de que las personas conocieran a Cristo. Y cuando leí Mateo 24:14, me impactó darme cuenta de que la razón por la que estaba en esta tierra va mucho más allá de lo que había comprendido. No se trataba simplemente de ser una seguidora de Cristo a nivel personal, sino de que Dios quería usarme, como a cada creyente, para que su reino avanzara en todo el mundo.

Activar la intercesión del reino

Ya que este libro es acerca de la oración persistente y, por tanto, de la intercesión, Mateo 24 nos lleva a la pregunta: "¿Cómo puede un creyente ordinario como yo ser parte de la intercesión del reino para ver el avance del evangelio?". Nuestro deseo, entonces, es activar Mateo 6:10, un versículo que se ora en casas de oración, en asambleas y en el movimiento del Día Global de Oración: "Venga tu reino. Hágase tu voluntad, como en el cielo, así también en la tierra".

De hecho, todo lo que se ha presentado en este libro hasta este momento nos conduce a esta proclamación de la voluntad de Dios. Con el objetivo de ver el reino de Dios avanzar en la tierra, el cual es un mandamiento hasta el fin de los siglos, necesitamos todas las herramientas de las que hemos hablado: orar la Palabra, ayunar, proclamar y decretar. Todas estas armas de nuestro arsenal espiritual deben usarse en la intercesión del reino. Hemos hablado en términos generales acerca de la intercesión del reino, pero esta es una definición más precisa:

> La intercesión del reino es una oración enfocada a un objetivo que libera la voluntad de Dios en cada sector de la sociedad para ver la cultura encaminada de acuerdo a un enfoque bíblico.

Para que esta clase de oración intercesora llene la tierra, ¡necesitamos un ejército de guerreros de oración que se ponga en la brecha! Esto incluye a las madres a tiempo completo, a los niños en la escuela primaria y en el colegio, a los hombres y mujeres en los negocios y las industrias y a los trabajadores de las fábricas, cada uno orando por sus hogares, escuelas y negocios cada mañana. Dios quiere que llenemos la tierra con oraciones para que su voluntad se haga en la tierra como en el cielo, porque el trabajo es enorme ¡y se necesitará un ejército multigeneracional rojo, negro, amarillo, café y blanco para hacerlo!

Cada año Mike y yo tenemos el privilegio de hablar con personas de las naciones de todo el planeta y escuchar las historias emocionantes que ellos cuentan acerca de cómo están avanzando en el reino de Dios. A medida que hemos viajado y orado con personas de varios países, he comprendido que vamos a tener que rendir cuentas a Dios por nuestras naciones cuando comparezcamos ante su trono. ¿Intercedimos por nuestra nación y sus líderes? ¿Trabajamos a nivel de nuestra localidad, nuestra ciudad, nuestro estado y nuestra nación para ser las manos y los pies de Dios, buscando la justicia y la rectitud?

Hace algunos años mi amigo el pastor guatemalteco Harold Caballeros y yo estábamos caminando por las áreas de su escuela en la Ciudad de Guatemala. Le pregunté: "¿Qué es lo más importante que le estás enseñando a estos niños?".

Enseguida Harold dijo con alegría: "Estamos instruyéndolos para que vean Apocalipsis 21:24 cumplido ante el trono para nuestra nación: 'Y las naciones que hubieren sido salvas andarán a la luz de ella; y los reyes de la tierra traerán su gloria y honor a ella'. Estamos entrenando a cada niño a orar de manera estratégica por nuestro país, de modo que cuando en el cielo se haga el gran llamado a las naciones, podamos presentarnos como guatemaltecos como una nación salva".

Una nación salva. Ese es un concepto interesante. ¿Cómo se relaciona esto con la intercesión del reino? Con el objetivo de ver una nación salva, tenemos que ver una reforma y una transformación que nos regrese a los valores y las reglas del reino o, dicho en otras palabras, a una cosmovisión bíblica.

Definición de cosmovisión bíblica

En primer lugar, definamos el término *cosmovisión bíblica*. El economista social alemán Max Weber usó la terminología relacionada con la cosmovisión en su análisis de la relación entre el sistema de creencias de un grupo de personas y su nivel de prosperidad o pobreza.[1] En otras palabras, lo que usted cree determina su cosmovisión y su cosmovisión determina en gran parte su estilo de vida.

Nuestra cosmovisión como cristianos se basa en la Biblia. Nuestro trabajo como *ekklesia,* entre otras cosas, es ver la voluntad de Dios hecha en la tierra como en el cielo. En otras palabras, nos proponemos ver la cultura del cielo invadiendo la de la tierra hasta que el orden gubernamental de nuestra nación se establezca sobre las bases del diseño del Creador.

Cuando escribí mi primer libro de la oración intercesora en 1991, *Conquistemos las puertas del enemigo,* no teníamos una idea clara de cómo ordenar nuestra intercesión de acuerdo a un modelo estratégico según los valores del reino de Dios (cosmovisión bíblica). Escribí acerca de que muchos cristianos hacen oraciones relámpago porque no están enfocados y realmente no están viendo los resultados que desean. En cambio, la intercesión del reino es enfocada y centrada.

Si bien logramos grandes cosas en el movimiento de oración durante los años ochenta y noventa, hasta cierto punto nuestra intercesión era todavía más táctica que estratégica. En otras palabras, orábamos aquí y allá, sobre esto y sobre aquello, más bien al azar. Lo que realmente se necesitaba era un plan estratégico para centrarse en áreas específicas de la sociedad con el objetivo de ver la manifestación del reino de Dios en diversos sectores y áreas de influencia.

Aquí es donde la intercesión del reino es esencial porque se enfoca en varios sectores de la sociedad para producir un cambio masivo o una reforma.

Ya que Mateo 6:10 es un clamor unánime que se escucha en toda la faz de la tierra, tenemos que desarrollar estrategias de oración persistentes que se puedan presentar y entender de forma tal que toquen a los niños, a los jóvenes y a los adultos. Hay un reino presente y futuro y el presente nunca se hará efectivo sin nuestras oraciones fervientes y enfocadas.

Tenemos que aprender la manera en que podemos ver nuestra cultura y nuestra nación llena con el poder del reino de Dios así como la restauración de la verdad bíblica en otras naciones. Sin embargo, esto nunca sucederá sin un esfuerzo unánime de oración.

Quiero animarlo a que sepa que Dios quiere usarlo de una manera única y especial para ver su voluntad hecha allí donde vive. Podrá tomar lo que ha aprendido en este libro y no solo ver un cambio en su vida personal sino también encontrar su nicho para la intercesión del reino.

La oración persistente por su nación

Antes de entrar en los detalles de cómo hacer oraciones del reino específicas para diversos sectores de la sociedad (el gobierno, los medios de comunicación masiva, etc.), revisemos primero lo que hemos estudiado en el último capítulo con respecto a la *ekklesia,* o la iglesia, y añadamos otro nivel a nuestra comprensión.

Recuerde cuando cité a Dutch Sheets explicando que para los romanos la *ekklesia* era una asamblea de personas que esencialmente servían como un congreso o parlamento. Luego aprendimos que su trabajo era asegurar un cambio en la cultura de cada región que conquistaran para que se igualara a la de Roma.[2]

La intercesión del reino tiene lugar cuando la iglesia funciona en su papel como una *ekklesia* para asegurar que, a través de la oración de intercesión, una nación se vuelva a la voluntad de Dios (o a la cosmovisión bíblica) desde la cultura dominante de ese país.

Algunas naciones de la tierra necesitan regresar, hasta cierto punto, a las raíces de su pacto con Dios. Esto es cierto, en parte, en mi propio país, los Estados Unidos. Puede que otras naciones no tengan esta clase de cosmovisión bíblica como su fundamento original; en ese caso, se necesita una reforma para traerla a la intención y al propósito original de Dios. Esto nunca sucederá en naciones específicas sin que el pueblo de Dios en todo el mundo se involucre. El Creador de las naciones quiere que todos los pueblos sean salvos y lo adoren delante de su trono. Escribí *El manifiesto de la reforma* porque hay mucho que decir acerca de la reforma espiritual de los pueblos y las naciones.

Básicamente, necesitamos convertirnos en la *ekklesia* de Dios que haga oraciones intercesoras por aquella parte específica de nuestra nación que nos apasiona. Luego necesitamos orar por esa área de la sociedad como miembros de su *ekklesia* divina, legislando por medio de nuestras oraciones que se haga su voluntad en la tierra como en el cielo.

¿Cómo hacemos esto? Cuando miramos a nuestro alrededor, podemos ver que la mayoría de las naciones no están recibiendo el discipulado que nos ordena la Gran Comisión (Mateo 28:19-20). La *ekklesia* necesita ir a trabajar y el lugar para comenzar es a través de la intercesión del reino bien fundada.

Hay dos pasajes clave que tenemos que comprender para *ser efectivos en la intercesión del reino* como cuerpo legislativo de Dios. El primero tiene que ver con atar y desatar (vea el capítulo 9, "La oración de proclamación"). El otro se encuentra en Isaías 22:22.

Como dije en el último capítulo, los términos *atar* y *desatar* eran, de hecho, términos legales que se usaron en las cortes hebreas durante los años que Jesús estuvo en la tierra. Algo se declaraba atado (ilegal) o desatado (legal). Otra forma de decir esto es que algo no estaba permitido en la sociedad o sí estaba permitido. Algunos eruditos afirman que Mateo 18:18 podría leerse así: "Aquello que ya ha sido atado en el cielo, átalo en la tierra, y aquello que ya ha sido desatado en el cielo, desátalo en la tierra".

Estos términos se usan con frecuencia en las reuniones de oración de intercesión. Puede que escuche una oración como esta: "En el nombre de Jesús, atamos los poderes de la oscuridad que están tratando de que el aborto sea ley en la tierra y desatamos la voluntad de Dios en esta área".

El otro pasaje importante que mencioné, Isaías 22:22, también es una forma de atar y desatar que se encuentra en el Antiguo Testamento:

> Y pondré la llave de la casa de David sobre su hombro; y abrirá, y nadie cerrará; cerrará, y nadie abrirá.

Por medio de la intercesión del reino, nos convertimos en los guardas de lo que está permitido (desatado) o prohibido (atado) en nuestra nación. Tomamos las llaves que Dios le arrebató a Satanás, un enemigo derrotado en el Calvario, y que nos ha entregado para que autoricemos o prohibamos ciertas cosas en nuestra nación. Nosotros, la *ekklesia,* funcionamos como un cuerpo legislativo de esta manera.

Legislar en los cielos

Hace algunos años intercesores en las Filipinas comprendieron este concepto de legislar en los cielos y decidieron preguntar a los expertos en el clima los nombres de las tormentas que podrían ocurrir en el año siguiente. (En los Estados Unidos, por ejemplo, nuestro servicio de meteorología nacional nombra a los huracanes [en Asia, tifones] de forma alfabética, alternando nombres femeninos y masculinos).

Los guerreros de oración filipinos tomaron la lista y "convocaron la corte del cielo" en oración. Mencionaron cada nombre uno por uno (su lista, como en los Estados Unidos, se hace usualmente siguiendo el alfabeto). Esta es la clase de oración que oraron aquel día:

"En el nombre de Jesús, decretamos la tormenta *Alice* atada en nuestra ribera. ¡Declaramos que es ilegal y que no entrará en nuestra nación para causar destrucción!".

Es probable que no necesite decirle esto, pero *no* hubo tormentas violentas ese año en las Filipinas. Este tipo de intercesión del reino es una proclamación y va de la mano con las cosas que aprendimos en capítulos anteriores acerca de ejercer autoridad sobre los patrones del clima. ¡Somos la *ekklesia* legislativa de Dios en la tierra!

La corte del cielo se menciona en más de una ocasión en el libro de Daniel. Este es una de las que más me gusta:

> Pero se sentará el Juez, y le quitarán su dominio para que sea destruido y arruinado hasta el fin, y que el reino, y el dominio y la majestad de los reinos debajo de todo el cielo, sea dado al pueblo de los santos del Altísimo, cuyo reino es reino eterno, y todos los dominios le servirán y obedecerán.
>
> DANIEL 7:26-27

Al haber aprendido a orar desde mi posición en Cristo de esta manera "legislativa", he tenido aventuras maravillosas en la oración y ¡usted también puede tenerlas!

El mandato de las siete montañas

Si bien hay muchas maneras posibles en las que pudiéramos enfocarnos en las oraciones del reino, nos puede ser útil usar algunos planes que dos grandes líderes cristianos han diseñado: Bill Bright, fundador de Cruzada Universitaria para Cristo, y Loren Cunningham, fundador de Juventud con una Misión.

Puede que haya escuchado la historia de cómo estos dos hombres se dedicaron en 1975 a buscar al Señor. Durante un tiempo de oración y ayuno, Dios les mostró a cada uno de ellos las áreas de la sociedad que necesitaban un cambio con el objetivo de transformar una nación: la Iglesia/la religión, la familia, el gobierno, la educación, el arte/el entretenimiento, los medios de comunicación y los negocios.

Esta comprensión tuvo cierto arraigo en aquella época pero se ha popularizado en los últimos años con las enseñanzas de intercesores como Lance Wallnau y Peter Wagner. Lance comenzó a llamar a los sectores "montañas" y acuñó la frase *ordenanza 7M*.

Ahora bien, antes de empezar, no quiero que se abrume con esta lista. No existe una persona, ni siquiera una iglesia, que pueda orar con efectividad cubriendo todas estas siete áreas. En vez de esto, a medida que lea acerca de estas siete "montañas," sea sensible a la guía del Espíritu Santo con respecto a aquella o aquellas por las cuales usted debe interceder.

Vamos a echar un vistazo a cada una de estas siete montañas y leeremos algunos testimonios de movimientos del pasado y del presente, de modo que pueda encontrar su lugar en este ejército de oración del reino. Recuerde que dentro de cada una de estas montañas usted es la iglesia y conforma la *ekklesia de Dios en oración* en esa esfera de influencia.

La religión

Algunos llaman a esta la montaña de la iglesia, pero en el movimiento de oración hemos decidido llamarla la montaña de la religión. Muchas personas se sienten afectadas por los sistemas religiosos en esta montaña y nunca tratan de cambiar otros sectores y esferas de influencia.

Es importante darse cuenta de que, si bien puede que tenga el llamado primario de fortalecer la iglesia local (y este es un llamado esencial), debemos tener el deseo de ir "a todas las naciones" más allá de esta montaña y discipularlas para el Señor.

Resulta alentador ver que muchos pastores están despertando al hecho de ver que son responsables no solo por sus congregaciones locales sino también por la nación donde viven. Quieren ver a su nación salva. Muchas personas están abandonando su afiliación a la iglesia local y no podemos permitir que esto suceda. La iglesia local es un lugar esencial de comunidad, rendición de cuentas y discipulado.

Si su llamado primario es a esta montaña, aquí hay algunas sugerencias acerca de cómo puede involucrarse en la intercesión del reino:

1. **Ore por su pastor.** Muchas personas tienden a criticar a sus pastores en vez de orar por ellos. El libro de Peter Wagner *Escudo de Oración* es un gran recurso para cada creyente en la iglesia.

2. **Únase a un grupo de oración o forme uno para la intercesión durante el servicio.** La intercesión durante el servicio tiene lugar mientras se está llevando a cado el mismo. Ofrezco algunas sugerencias para comenzar grupos de oración en mi libro *Conquistemos las puertas del enemigo.* ¿Qué hora más importante que esa para orar por los perdidos y por aquellos que sufren?

3. Comience un grupo de oración por un aspecto de la vida de la iglesia. Dicho grupo podría ser por los niños de la iglesia. Si su iglesia no tiene un grupo de intercesión por los niños, pregunte si puede comenzar uno. Este es un ministerio muy satisfactorio. Un buen recurso para él es el libro de Cheryl Sacks y Arlyn Lawrence, *Prayer-Saturated Kids (Niños saturados por la oración).* Esta es una sugerencia que aparece en este libro para hacer una habitación de oración justo en su clase de escuela dominical:

Destine un lugar para la oración en su propia clase de la escuela dominical, tal vez una gran armazón de refrigerador con una puerta y ventanas para que entre un poco de luz, o pida a un artesano de su iglesia que le haga un closet de madera. Otra posibilidad es dedicar una esquina apartada del resto del lugar usando paneles portables o cortinas. Deje que los niños coloquen en la habitación de oración artículos tales como almohadas, cobijas, Biblias y versículos de las Escrituras para facilitar los tiempos de oración. Uno o dos niños a la vez pueden ir al closet de oración en determinados momentos durante el tiempo de clase. ¡Puede que lo lleguen a disfrutar tanto que quieran crear un closet de oración propio en su casa![3]

Creo que los movimientos de oración de niños van a inundar las naciones del mundo en los días venideros. Necesitamos tanto facilitar como enseñar a nuestros niños a orar en colectividad. Si aprenden a orar en las aulas con niños de su edad, un día serán capaces de dar el salto a las reuniones de oración intergeneracionales y serán un gran testimonio de lo que Dios está haciendo colectivamente.

Esto me lleva a uno de los puntos más importantes que he resaltado en este libro: *Los niños son la fuente de oración intercesora más subestimada en la iglesia actual.* Muchos otros grupos en la iglesia también necesitan oración. Los jóvenes necesitan intercesión además de la formación de grupos de oración en los que ellos mismos oren.

4. **Convierta su iglesia en una iglesia saturada de oración.** Una vez más, Cheryl Sacks ha escrito un excelente y completo libro llamado *The Prayer-Saturated Church (La iglesia saturada de oración),* con la premisa de que todos en la iglesia deben estar orando, no solo ciertos grupos de intercesión. Este es un concepto emocionante, ya que la iglesia está destinada a ser una casa de oración para todas las naciones. El libro de Peter Wagner *Iglesias que oran* es un excelente recurso en esta área.

5. **Conviértase en un misionero de oración.** Cuando uno considera el hecho de que hay más de dos mil millones de personas que no han sido alcanzadas para el evangelio en el mundo, el mandato de orar por las naciones y los diferentes grupos étnicos es claro. Se estima que casi el 41 por ciento de la población mundial no ha sido alcanzado, es decir, 6,650 grupos étnicos que no han recibido un toque significativo del evangelio. Necesitamos misioneros de oración y no necesita salir de casa para convertirse en uno de ellos. Una buena fuente de información acerca de estos grupos étnicos que no han sido alcanzados es el Proyecto Josué. Puede entrar a la página web para descargar tarjetas de oración por muchos de esos grupos étnicos, por ejemplo, uno de ellos es el *Pashtun* en el sur de Afganistán.

La familia

Si fuéramos a nombrar solo uno de los siete sectores de la sociedad en los que creo que el Señor está haciendo más énfasis en la actualidad, sería la montaña de la familia. Las estadísticas de matrimonios cristianos que se separan son vergonzosas. Otras investigaciones muestran que el número de niños entre diez y doce años que son forzados a tener relaciones sexuales está creciendo a un paso alarmante. Con tantos problemas que están atacando al núcleo de la familia en nuestros días, necesitamos prestar especial atención a esta montaña.

Según las investigaciones y los datos que ha recopilado el grupo Barna, el porcentaje de matrimonios rotos entre los cristianos nacidos otra vez es prácticamente el mismo que entre los no cristianos. Esto puede resultar alarmante para los seguidores de Cristo, ¡algo anda muy, muy mal! Algunos de los líderes cristianos piensan que los fracasos en el matrimonio se deben a la falta de enseñanza en la iglesia local así como a una falta de consejeros prematrimoniales.

A la luz de estas estadísticas, no podemos pasar por alto el hecho de que se está librando una guerra espiritual contra los matrimonios cristianos en la actualidad. A continuación ofrezco algunas sugerencias para ayudar a fortalecer el escudo de oración para esta montaña:

1. **Grupos de oración de parejas recién casadas.** No hay nada como desarrollar amistades a través de la oración intercesora para resistir los ataques del enemigo sobre los matrimonios.

2. **Grupos de oración por los hijos pródigos**. A menudo el dolor por los hijos pródigos puede originar serias tensiones en el matrimonio, ya que a Satanás le encanta que juguemos al juego de la culpa.

3. **Encuentre a otra pareja que puedan convertirse en sus compañeros de oración.** ¿Por qué no unirse a un ayuno pactado para un día en particular de la semana? Ayune medio día por usted mismo y por su familia.

4. **Los padres solteros deben orar por ellos mismos de manera individual y en grupos.** Los solteros con o sin hijos son unos de los grupos que más se pasan por alto en los círculos cristianos. Y los padres solteros a menudo sienten que los grupos de oración, tanto dentro como fuera de la iglesia, se enfocan más en las personas casadas y con familia.

No espere a que alguien más comience un grupo de oración. Si nadie más lo está haciendo, usted pudiera ser el promotor. Si bien puede que no tenga lo que algunos podrían describir como un llamado específico para hacer esto, hay momentos en que la necesidad es el llamado.

La educación

Esta es la montaña que, probablemente, constituye el molde más importante de las mentes en nuestra sociedad actual. Si desea que venga el reino de Dios y que se haga su voluntad en la tierra, necesitamos darnos cuenta de cuán importante es nuestra labor como intercesores por este sector.

Una razón de esto es que, en alguna manera, todos enseñamos algo a alguien, ya sea con la palabra o con el ejemplo. No solo eso, sino que parte de la descripción de nuestra tarea, como lo explica la Gran Comisión, es enseñar a otros a observar todo lo que se nos ordena en la Biblia, el libro de texto del Creador.

Gracias a Dios por aquellos que han "resistido al enemigo" por nosotros mediante la oración por las escuelas, tales como el ministerio de oración llamado Moms In Touch International

(Movimiento Internacional de Madres en Contacto). Fern Nichols, una mamá que ora, fundó dicho movimiento en 1984. Ella es una de esas personas que ha visto una necesidad y la ha suplido. Los grupos de este movimiento se componen de dos o más madres (o abuelas) que se reúnen de manera regular para orar por sus hijos, por los maestros de sus hijos y por las autoridades de las escuelas.

Mi título de la Universidad de Pepperdine es en enseñanza (educación musical), de modo que reconozco que tengo una pasión especial por ver la esfera de influencia de la educación alineada con la Palabra de Dios.

He incluido un capítulo acerca de enseñar a las naciones en mi libro *El manifiesto de la reforma*. Y mientras investigaba para escribir aquel capítulo, me sentí abrumada tanto por la degradación moral en las instalaciones universitarias como por la falta de cursos básicos de enseñanza. No solo eso, sino que las materias y temas de enseñanza se han hecho más sociológicos en su naturaleza y se han inclinado hacia el humanismo.

No es de extrañar que eso haya sucedido, debido a las enseñanzas de John Dewey durante la primera mitad del siglo veinte. Muchos lo consideran como el padre de la educación moderna y fue uno de los creadores del Manifiesto Humanista, escrito en 1933. Estos son solo dos puntos de este Manifiesto:

En un lugar de las antiguas actitudes que involucraban la adoración y la oración, el humanista encuentra sus emociones religiosas expresadas en un sentido elevado de la vida personal y en un esfuerzo conjunto para promover el bienestar social. Por consiguiente, no habrá emociones y actitudes religiosas únicas del tipo que hasta ahora se ha asociado con la creencia en lo sobrenatural.[4]

Puede que estas declaraciones resulten impactantes para aquellos de nosotros en los Estados Unidos que no estamos familiarizados con este. Nuestro sistema educacional, históricamente, usó la Palabra de Dios en su currículo. De hecho, la Universidad de Harvard se conocía en la época en que se fundó, en 1636, como la Escuela de los Profetas. "Según la tradición medieval", explica el historiador de Harvard, Samuel Morison, "el profeta Samuel presidía en la primera universidad del mundo. La escuela recibió su nombre en 1638 cuando el ministro John Harvard donó toda su biblioteca y una generosa dote al joven 'colegio del desierto' antes de morir."[5]

Siento la tentación de escribir un poco más en esta sección, pero ¡hay otras montañas que escalar! A continuación ofrezco otras situaciones para orar además de las que ya mencioné en Moms In Touch (Madres en Contacto):

1. **Ore por la escuela.** No solo forme un grupo de oración sino que además forme un grupo de investigación que averigüe qué clase de cursos están tomando los estudiantes. Haga una lista de los profesores y el personal administrativo y ore por ellos mencionando sus nombres. Visite la escuela y ofrezca su ayuda cuando se presente la oportunidad. Esto le dará una forma "práctica" de contemplar y escuchar aquello por lo que va a orar. Pregunte al director de la escuela si puede orar allí. Puede que le sorprenda la amabilidad con que accede a su petición. Y, por supuesto, siempre puede orar mientras lleva y recoge a sus hijos de la escuela.

2. **Ore por el cuerpo administrativo de la iglesia.** Busque los nombres de las personas del cuerpo directivo cuando estén en el proceso de escoger los currículos de las materias. (En este mismo instante estamos en una

batalla en mi estado de Texas con aquellos que quieren sacar de los libros de texto la historia cristiana de nuestra nación). Para aquellos de ustedes que han leído a George Orwell en *1984*, describiendo una cultura que está al revés, puede ver con toda claridad algo muy *"Orwelliano"* ocurriendo actualmente en nuestras escuelas.[6]

3. **Forme un grupo de oración liderado por estudiantes.** Si es estudiante forme un grupo de oración liderado por estudiantes en su campus. Gracias a Dios por los movimientos 24/7 que están plantando casas de oración justo en los campuses, así como el movimiento de Sean Feucht *Burn worship* (*Adoración ardiente*). El libro de Trent Sheppard *God oi Campus* también es un recurso excelente.

Pida una habitación para formar su propio Club de Oración después de la escuela.

4. **Las campañas de oración encabezadas por los padres.** Como padre, anime a sus hijos a orar con otros niños de la escuela. Por ejemplo, podrían dedicar un par de minutos durante el almuerzo para orar por la escuela o por los maestros.

El libro de David Barton, *America: To Pray or Not to Pray* [Estados Unidos: Orar o no orar] describe un cuadro vívido de lo que ha sucedido en las escuelas en los Estados Unidos desde que sacaron la oración de las escuelas en 1962. Millones de estudiantes dejaron de orar y ahora tenemos niños que matan a otros niños en los campus. En cambio, en 1962 nuestro mayor problema era que los estudiantes se lanzaban escupidas.[7]

El gobierno

Me encanta el pasaje de las Escrituras que aparece en Isaías 9:6-7 que dice: "Porque un niño nos es nacido, hijo nos es dado, y el principado sobre su hombro.... [y] lo dilatado de su imperio y la paz no tendrán límite". Ya que la palabra *imperio* hace referencia a una estructura gubernamental, esta montaña necesita que se le dé un cubrimiento de oración masivo. No existe esfera de influencia más importante que nuestro gobierno ya que nosotros como *ekklesia* tenemos que "legislar en los cielos" para que haya una alineación con la Palabra de Dios.

Añada a esto el hecho de que 1 Timoteo 2:1-2 afirma que las oraciones y las intercesiones necesitan hacerse primero por los reyes y por aquellos que están en autoridad sobre nosotros de modo que podamos vivir en paz. ¿Acaso no estamos todos interesados en vivir en paz?

Me parece que las personas no se sienten motivadas a orar por aquellos que están en autoridad sobre ellos hasta que ocurre algún tipo de crisis. Sin embargo, necesitamos interceder de manera proactiva por los líderes del gobierno para que sigan la ley de Dios *antes* de que vengan las crisis.

Puede que usted vida en un país donde los retos que enfrenta el gobierno son más grandes que en otras naciones y la lista de oración entonces es larga y difícil. Es especialmente difícil orar por aquellos con los que no estamos de acuerdo; de hecho, ¡se requiere una gran disciplina espiritual para hacerlo! Tenga en cuenta que nuestro Padre celestial, el Rey, es el gran Legislador. Él es muy claro en su Palabra revelada con respecto a su deseo de que sus leyes se obedezcan. No obstante, Dios no es un dictador. Él quiere que las sociedades escojan sus leyes por su propia voluntad. Aquí es donde interviene nuestra intercesión por el reino, incluso en las naciones más conflictivas del mundo.

Si el evangelio del reino debe predicarse en "todo el mundo hasta que venga el fin" entonces tenemos mucho trabajo por hacer antes de que esto suceda. Necesitamos orar por aquellos que ejercen autoridad sobre nosotros para que conozcan el amor del Señor y anhelen poner en práctica sus leyes en nuestras naciones.

El Derecho Inglés, basado en los comentarios del jurista y juez del siglo dieciocho William Blackstone, se basa en la verdad bíblica. Pienso que las naciones que siguen tal sistema de leyes (es decir, un sistema basado en la Palabra de Dios) son más prósperas que otras naciones. Es interesante notar cómo la prosperidad de una nación disminuye a medida que se aparta de las decisiones y las leyes justas.

Me he dado cuenta de que Dios ubica geográficamente a las personas en ciudades capitales y puestos del gobierno con un llamado especial para interceder por los líderes gubernamentales. Sin embargo, todos estamos llamados a orar por aquellos en autoridad sobre nosotros, como lo afirma claramente la Palabra de Dios. A continuación le ofrezco algunas sugerencias para llevar esto a cabo:

1. **Alertas y cartas de oración.** Únase a alertas de oración por los ministerios que oran por el gobierno. Por ejemplo, Mike y yo lideramos un ministerio de oración llamado *The United States Reformation Network* [La red de reforma de los Estados Unidos].[8] Actualmente tenemos un año especial de oración llamado *Root* 52 [Raíz 52], que llama a la nación a que regrese a las raíces de su pacto con Dios (52 por las cincuenta y dos semanas del año). Durante las dos primeras semanas, oramos por el gobierno federal; ahora estamos orando por cada estado, por uno cada semana, para que se unan, usando las constituciones de sus estados como un lugar donde

comenzar con las oraciones de proclamación. (Que cada una de esas constituciones dedique su estado a Dios).

Cada semana, la antorcha es pasada en oración mediante un llamado a una conferencia entre los coordinadores de oración del estado y los concejales. Deseamos ver a cada estado lidiar con los asuntos que tienen raíces impías, tales como la masonería, el antisemitismo, el racismo, el tratamiento injusto a los pueblos nativos, las influencias de la mafia, las fortalezas de ocultismo, etc. Este es un gran trabajo, como podrá imaginarse, pero la carga se aligera cuando todos trabajamos y oramos juntos. Puede que usted sea líder de una red de oración en su ciudad o en su país. De ser así, pídale al Señor que le muestre una estrategia de oración por su área y use el poder de la intercesión del reino para lograr alinearla con el propósito de Dios. Es posible que su nación nunca haya tenido un pacto con Dios y usted deba ser parte de la primera generación que lo haga. Si originalmente fue dedicada a Dios cuando fue fundada, ore y decrete que volverá a sus raíces del pacto.

En un reciente viaje a Gran Bretaña, tuvimos un tiempo de oración con el Grupo de Oración Parlamentario en Londres y nos asombramos cuando leímos las palabras de la ceremonia de coronación de la Reina. Estas palabras eran una profunda dedicación de la nación a Dios y del reinado de la Reina bajo la soberanía divina.

2. **Ore por los líderes de su gobierno.** Haga una lista de los líderes de gobierno por los cuales Dios le está llamando a interceder y téngala en su Biblia. Mencione sus nombres en alta voz delante del Señor cada día. No olvide a los jueces de la tierra.

3. **Infórmese con el objetivo de orar correctamente.** Escuche de las noticias y entresaque de ellas motivos de

oración y suscríbase también a servicios confiables de noticias en línea. ¡Recuerde que las noticias de la tierra son el reporte de notas del cristiano! Estas le mostrarán el éxito de la intercesión.

4. **Únase a un grupo de oración enfocado en el gobierno.** Únase a un grupo de oración existente que, por su naturaleza, se enfoque en el gobierno. Si no puede encontrar uno, puede que desee formar uno usted mismo. ¡Nunca tendremos demasiada oración por esta importante montaña!

Los medios de comunicación

Hace muchos años, durante mis viajes a diferentes países leía los periódicos de cada lugar escritos en inglés. Luego de un tiempo me di cuenta de un patrón similar: estaban extremadamente opuestos al reino de Dios. ¿Qué quiero decir con esto? En muchos casos, llamaban a lo malo bueno y a lo bueno, malo. Aplaudían cosas que la Biblia llama pecaminosas como "avances" de la civilización.

Me dediqué entonces a la caza de aunque fuera un periódico o un representante de la prensa escrita que publicara las "buenas noticias" al tiempo de ser un periódico secular. No encontré ni uno. De hecho, podría decirse que eran máquinas de propaganda que reportaban las noticias ni siquiera de una forma neutral, sino de una manera que tenía un tono antibíblico implícito.

Esta experiencia me motive a hacer una búsqueda similar en los medios que transmitían las noticias por televisión. Para mi sorpresa, encontré prácticamente lo mismo. Entonces organicé equipos de oración para comenzar a interceder por los canales principales de noticias en la ciudad de Nueva York y en otros lugares estratégicos tales como Atlanta y Los Ángeles. Al mismo tiempo, empecé a recibir cartas de varias personas que habían recibido el llamado de orar por este sector o que estaban tratando de sobrevivir como profesionales trabajando en los medios de comunicación.

Estas son algunas formas de orar:

1. **Los reporteros de noticias.** Pida a Dios que proteja a aquellos reporteros de noticias que han sido llamados para estar en estas posiciones influyentes.

2. **Los cristianos que trabajan en los medios de comunicación.** Ore para que aquellos que representan los valores del reino lleguen a ocupar posiciones de autoridad.

3. **Ore por los profesionales de los medios de comunicación.** Forme un grupo de oración y "adopte" varios presentadores de televisión y periodistas; ore para que ellos tengan un encuentro con Dios. No olvide a los presentadores y reporteros locales, ya que ellos influyen en su región en particular.

4. **Invierta en los medios de comunicación cristianos.** Interceda por los líderes de negocios cristianos para que tengan los fondos para comprar canales de televisión y periódicos. Ore por el favor y la visión profunda de aquellos que han sido llamados a transmitir las noticias en el Internet.

El arte y el entretenimiento

De alguna manera, los sectores del arte y el entretenimiento han sido los más considerados como seculares, apartados de la iglesia, áreas que no involucran nuestro rol como ciudadanos del reino de Dios. Sin embargo, no hay nada más alejado de la verdad.

Hemos descuidado grandemente nuestro papel como intercesores en estas áreas de influencia y, debido a esto, estamos cosechando la contaminación de otras ideologías de la competencia. ¡Dios creó la creatividad! Eso puede sonarle inusual, pero es cierto: Dios es el artista maestro y todo el talento y la inspiración creativa fluye de Él. Desafortunadamente, la iglesia se ha retirado (en la mayoría de los casos) de las arenas de las artes y el entretenimiento. Y por esta razón, hemos perdido la oportunidad de ser sal y luz. El resultado es que ahora estamos siendo testigos de una caída cultural megalítica que está afectando al resto de las áreas de la sociedad.

Se necesita una intercesión agresiva por aquellos que se han convertido en los "hombres fuertes" (y mujeres) de las industrias del arte y el entretenimiento. Nuestros amigos Jonathan y Sharon Ngai viven en Los Ángeles, California, y dirigen la Casa de Oración de la Reforma cerca del sitio original del Avivamiento de la Calle Azusa. Si entra a su habitación de oración, no solo verá estaciones de oración para cada una de las siete montañas sino también fotos de varias personalidades del cine y la televisión.

Jonathan y Sharon son agresivos en la intercesión del reino. Creen verdaderamente que, a medida que ayunan y oran por las personas influyentes en las industrias del arte y el entretenimiento, Dios responderá y traerá a estos individuos en alineación con el destino para el que fueron creados.

Estas son algunas sugerencias para la intercesión del reino en estos sectores:

1. **Misionero en el arte.** Conviértase en un misionero de oración en un aspecto ya sea de la industria del arte o del entretenimiento. Pida al Señor que le muestre cuál es su porción y hacia qué área debe enfocar sus oraciones. Si ya se encuentra trabajando en esta montaña, comience un grupo de oración propio.

2. Ore por las personas influyentes. Escoja a aquellos que están en la cima de la montaña, aquellos a los que algunos podrían llamar la lista A, porque ejercen la mayor influencia. **3. Ore por las Bellas Artes.** No olvide las Bellas Artes: el ballet, la danza, la música, el arte clásico. Pídale al Señor que le muestre cómo orar. Tal vez es un estudiante universitario que estudia en uno de esos campos. Conviértase en un guerrero de oración de Dios para ver cada uno de estos campos de la creatividad hechos santos delante del Señor. **4. Ore por un avivamiento en toda la industria.** Ore para que la santidad cubra esta industria, ya sea en los géneros de comedia, música, danza o drama. Pídale a Dios que se produzca un avivamiento en Hollywood, New York, Toronto y otros centros de los medios de comunicación.

Existe un número de grupos que están orando por Hollywood y por la industria cinematográfica. Es emocionante ver algunas señales de personas influyentes que han sido tocadas por Cristo. He conocido personas de la industria cinematográfica en países de Asia y he visto un mover de Dios teniendo lugar en los niveles más altos.

Si vive en una nación que no es los Estados Unidos, pídale a Dios que le muestre una estrategia de oración particular para la nación donde vive. Por ejemplo, la industria cinematográfica en Gran Bretaña se construyó sobre una base bíblica. Ore porque vuelva otra vez a sus raíces.

Los negocios

Hay muchos líderes cristianos a quienes Dios ha llamado para que se enfoquen en esta montaña. Algunos lo llaman el puesto de trabajo y otros el mercado. Tanto mi mentor Peter Wagner *(The Church in the Workplace/La Iglesia en el puesto de trabajo)* y mi amigo Ed Silvoso *(Anointed for Business/Ungido para los negocios)* han ayudado grandemente para ampliar nuestra comprensión de cómo Dios quiere trabajar poderosamente a través del mercado para provocar una transformación social y espiritual.

Muchos grupos de oración han surgido alrededor del mundo en salas de reuniones y algunos negocios incluso han contratado intercesores a tiempo completo para que oren por y en sus negocios. Mike y yo hemos viajado con nuestra red de oración para orar en la ciudad de Nueva York; después de nuestro tiempo de intercesión, quedó en evidencia la corrupción que involucraba a líderes de Wall Street. No obstante, todavía hay mucho trabajo por hacer en esta área. Aquí hay algunas sugerencias:

1. **Ore por los líderes de negocios.** Comience un grupo de oración en su iglesia local con otros líderes de negocios. Oren por los negocios de cada uno.
2. **Construya un escudo de oración.** Movilice socios de oración que oren personalmente por su negocio e infórmeles sobre sus necesidades de manera regular.
3. **Ore en el lugar.** Plante equipos de oración justo en los sectores financieros. Hemos escuchado acerca de grupos de oración que se reúnen en y alrededor de Wall Street.
4. **Comience un grupo de oración del mediodía.** Los grupos de oración del mediodía se están volviendo populares, como por ejemplo el iniciado por Jeremiah Lanphier después de una crisis económica en 1857 en la ciudad de Nueva York. Estas poderosas reuniones de

oración desencadenaron lo que algunos han llamado "el avivamiento del hombre de negocios". Las iglesias en toda la ciudad se llenaron de personas que iban para orar y algunos negocios cambiaron la hora de almuerzo de las 11:55 hasta la 1:05 para acomodar a las personas que iban a orar. Mis amigos Hal y Chery Sacks, de Bridgebuilders International en Phoenix, Arizona, han comenzado un tiempo de oración al mediodía y está cobrando fuerza. Creo que va a haber otro avivamiento histórico entre las personas de negocio alentado por los grupos de oración del mediodía como en la época de Lanphier.

Es esencial aplicar todo lo que hemos aprendido acerca de la oración persistente si queremos ver estas siete montañas de la sociedad alineadas con el plan de Dios para ellas. El clamor de la batalla por este mover de la oración y la intercesión del reino removerá todo lo que pueda removerse, todo lo que no está alineado con la voluntad de Dios. Veremos despertares y estas montañas de la sociedad serán reformadas y transformadas si persistimos en la oración. Todas las cosas son posibles con Dios, incluso la restauración de los valores bíblicos. Y es posible discipular y enseñar a otros las cosas del Señor, ¡o Jesús nunca nos hubiera encomendado esa tarea!

No desmaye en la batalla por la parte a la que Dios lo está llamando a medida que oramos juntos: *Venga tu reino. Hágase tu voluntad, como en el cielo, así también en la tierra.*

∼ Conclusión ∼

L a oración persistente y continua puede ser difícil. Pero estoy convencida de que hay muchas oraciones aparentemente sin responder porque desistimos muy pronto. A medida que nos acercamos al final de este libro, reflexione en sus propias oraciones sin responder. ¿Había oraciones que solía hacer y que ya no hace? ¿Se trataba de un ser amado que quería que fuera salvo? ¿Y qué hay de las finanzas?

Tome unos momentos y reflexione en cada capítulo de este libro. Use el material como un manual de vida y revíselo de vez en cuando para ver si ha fracasado en algún aspecto de su vida de oración.

Recapitulemos:

1. Escriba en su Biblia aquello por lo que oró, aquella persona por la que oró y la fecha

Si se siente cómodo escribiendo su Biblia, escriba la fecha y una nota al lado del pasaje de la Escritura que contenga una promesa específica de Dios que quiere ver cumplida. Esto le servirá de ánimo en los años que vendrán. Justo esta mañana, abrí mi Biblia y vi una promesa que había reclamado en 1987 y recordé cómo el Señor había respondido maravillosamente aquella oración por medio de un milagro.

2. Tenga su propio diario de oración

También puede que quiera tener un diario donde recoja aquellos asuntos y personas por las que ha orado y luego revíselo y escriba la fecha en que Dios contestó sus oraciones. Escriba una nota de acción de gracias a Dios por lo que ha hecho. Estas preciosas misivas y anotaciones pueden servir como testimonio a las generaciones de su familia y a aquellos a quienes está sirviendo como mentor. Peter Wagner afirma que cualquier mover de Dios que no esté escrito se pierde a lo largo de las generaciones. ¡No queremos que otros se pierdan nuestras victorias de oración porque no las registramos! Podemos proveer solaz y gracia tanto a nosotros como a los que vendrán después y leerán nuestro diario.

3. Sea un alentador

Después de aprender estos secretos para obtener respuesta a la oración, dedique tiempo a sentarse con un grupo de amigos y, tal vez mientras toman café, debata los puntos con ellos. No espere que alguien más sea el alentador. Sea usted quien comience. No hay nada como un grupo de oración para permanecer a su lado y animarlo en las noches más oscuras y las situaciones más difíciles.

Comience a orar y muy pronto tendrá sus propios secretos de oración para compartirlos con otros.

¡Nunca subestime el poder de la oración persistente!

—Cindy

✐ Preguntas para el estudio individual y en grupo ✐

Capítulo uno: *¿Por qué orar?*

1. ¿Alguna vez se ha preguntado por qué necesitamos orar cuando Dios ya sabe todo acerca de nosotros?

2. ¿Cree que necesita pedirle a Dios incluso por sus necesidades básicas?

3. ¿Quiere Dios que usted hable con Él acerca de todas las cosas de su vida? ¿Se interesa en escucharlo?

4. ¿Deben nuestras oraciones incluir oraciones por nuestras ciudades y países?

5. Explique por qué necesitamos orar y pedirle a Dios que responda.

Capítulo dos: *Un caso para orar persistentemente*

1. ¿Por qué necesitamos orar más de una vez por una petición particular de oración?

2. ¿Hay épocas en las que le parece que sus oraciones no están recibiendo respuesta?

3. ¿Alguna vez se ha cansado de ser persistente en su vida de oración?

4. ¿Cómo puede animar a otros a que sean persistentes en sus oraciones hasta verlas respondidas?

5. ¿Tiene algún testimonio como resultado de ser persistente en sus oraciones por una persona o una situación? Escríbalo o compártalo con otra persona.

Capítulo tres: *Orar en la voluntad de Dios*

1. ¿Puede alguna vez llegar a saber realmente la voluntad de Dios para su vida?

2. ¿Se siente confiado de que Dios escucha sus oraciones cuando ora? Si no es así, ¿por qué?

3. ¿Cómo George Muller tenía tanta certeza de que Dios contestaba sus oraciones?

4. ¿Desconfía de Dios en alguna manera? De ser así, ¿cuándo comenzó? Pida a Dios que restablezca su confianza en Él.

5. Haga una lista de cosas que necesitan cambiar en su vida y ore con autoridad sobre ellas cada día.

Capítulo cuatro: *Obstáculos para obtener respuesta a la oración*

1. ¿Alguna vez ha sufrido un trauma que le hizo "naufragar" en su fe?
2. De ser así, pida al Espíritu Santo que sane su herida. Confiésele su dolor a Dios y pídale que lo restaure.
3. ¿Tiene áreas de falta de perdón en su vida que están obstaculizando sus oraciones? Pase tiempo a solas con Dios para confesarle la falta de perdón que está albergando en su corazón.
4. A veces la amargura puede estar escondida detrás de la autojustificación. Continúe en su viaje hacia la oración respondida pidiéndole a Dios que haga brillar su luz en los rincones de amargura en su vida.
5. ¿Ha desarrollado áreas de incredulidad en su vida debido a decepciones? Reconózcalas y pídale a Dios que lo perdone y restablezca su fe en Él.

Capítulo cinco: *El ayuno*

1. ¿Alguna vez ha ayunado? De ser así, comparta su experiencia con otra persona.
2. ¿Cuáles son algunos de los beneficios del ayuno?
3. ¿Cómo se prepara para un ayuno? ¿Qué debe hacer para terminar un ayuno?
4. ¿Qué pasó cuando Daniel ayunó durante veintiún días? ¿Cómo fueron respondidas sus oraciones?
5. ¿Alguna vez ha ayunado por una causa como, por ejemplo, ver el fin del aborto en su país o para que sea expuesta la trata?

Capítulo seis: *Orar la Palabra*

1. Comience un diario de oración. Puede comprar uno de papel o usar una versión electrónica. Puede que quiera comprar una Biblia para escribirla y subrayarla y hacerla su diario. Algunas personas usan resaltadores de colores diferentes para tipos diferentes de promesas. Puede que otras quieran comprar un libro como *Oraciones con poder* de Germaine Copeland para usarlo en el estudio y la exhortación.
2. ¿Por qué es una buena idea usar las Escrituras cuando oramos? ¿De qué manera esto incrementa nuestra autoridad en la intercesión?
3. Comparta con otra persona o escriba en su diario un versículo favorito que haya usado en su vida de oración.
4. Escoja la situación más desafiante que está enfrentando en este momento y escriba una oración basada en la Escritura para los tiempos de intercesión.
5. Haga una lista de funcionarios de su ciudad y su país. Converse acerca de noticias recientes de su ciudad o su país y de cómo la oración

basada en la Escritura puede facilitar la aparición de líderes justos. Ore en acuerdo con otros por estos funcionarios locales y nacionales (1 Timoteo 2:1-2).

Capítulo siete: *La alabanza persistente*

1. Dialogue acerca de formas en las que la alabanza puede considerarse oración y viceversa.

2. Mencione una ocasión en que haya sido testigo de una victoria espiritual por haber alabado a Dios.

3. ¿Alguna vez ha decidido alabar a Dios en medio de una circunstancia difícil? Cuente los resultados a su grupo o escríbalos en su diario.

4. Mencione la definición de Dick Eastman acerca de la adoración intercesora y describa el poder de la alabanza en las misiones mundiales.

5. Escoja una nación para la cual será un misionero de oración. Puede coger un mapa y pedirle al Señor que lo dirija a una nación específica. Orar por un grupo étnico que no ha sido alcanzado es un buen lugar para comenzar. Para informarse acerca de aquellos que necesitan oración, también puede visitar el sitio web del Proyecto Josué.

Capítulo ocho: *La oración intergeneracional*

1. ¿Cuáles son algunas formas en que las personas pueden desarrollar tiempos de oración juntas? Si no tiene miembros de la familia que sean cristianos para que oren por usted, busque personas que se conviertan en su familia en Cristo y ore con ellos.

2. ¿Cuáles son algunas formas de facilitar la oración intergeneracional?

Capítulo nueve: *La oración de proclamación*

1. ¿Qué es la oración de proclamación?

2. ¿Ha orado alguna vez por un cambio en el clima y ha visto la respuesta?

3. ¿Cómo puede alguien saber que una oración de proclamación se hace con el objetivo de que venga el reino de Dios y se haga su voluntad en la tierra como en el cielo?

4. Defina el significado de *ekklesia*. ¿Cuál es su rol en la tierra?

5. ¿Qué sucede en realidad cuando "atamos" y "desatamos" por medio de proclamaciones en la intercesión?

Capítulo diez: *La intercesión del reino*

1. Defina la intercesión del reino.

2. Mencione una forma en la que ha orado para que el reino de Dios avance en su vida, en su ciudad y en su nación.

3. Nombre las siete montañas de la sociedad.

4. ¿Es importante el linaje para Dios?

5. ¿Está desarrollando su propio legado espiritual?

6. ¿Alguna vez ha orado por alguien de otra generación que no sea la suya? Cuente o escriba un testimonio acerca de su experiencia.

7. ¿Con cuál de las siete montañas se identifica más? Argumente por qué esto es así.

8. ¿Hay ciertas montañas de la sociedad en las que todos los creyentes necesitan enfocarse independientemente de su propio llamado o interés personal?

❧ Notas ❧

CAPÍTULO UNO

1. Nelson, Thomas, *Spirit-Filled Life Bible,* Thomas Nelson, 1991.
2. Billheimer, Paul E., *Destinados para el trono,* CLC, 1975.
3. Sheets, Dutch, *La oración intercesora,* Unilit, 1996.
4. Strong, James, *Strong's Exhaustive Concordance of the Bible,* Zondervan.

CAPÍTULO DOS

1. *http://www.sermonnotebook.org/ The Power of Persistent Prayer,* 2.
2. Ibíd., 2.
3. Johnston, J. Kirk, *Why Christians Sin,* Discovery House, *www.christianglobe.com.* La historia ha sido parafraseada.
4. *http://www.sermonnotebook.org*
5. Jacobs, Cindy, *Conquistemos las puertas del enemigo,* Caribe Betania.

CAPÍTULO TRES

1. Tan, P. L., *Encyclopedia of 7700 Illustrations,* Gar Ministries, *1995.* Bible Communications, Illustration 1494: "Got to Be in Quebec."
2. *Dictionary.com*
3. *Nota:* Algunas personas en Texas todavía usan sombreros de vaqueros, botas y cintos.
4. Jacobs, Cindy, *Conquistemos las puertas del enemigo,* Caribe Betania.
5. Kaiser, W. C., *Hard Sayings of the Bible,* Inter-Varsity.
6. The Hebrew word is *Nathan; Strong's Exhaustive Concordance of the Bible.*
7. Sheets, Dutch, *Authority in Prayer,* Bethany House. Escrito y compilado usando la Proclamación de Abraham Lincoln en 1863, donde hizo el llamado a un Día Nacional de Oración y Ayuno.
8. Para aquellos que no lo saben, el nombre de nuestro ministerio de televisión a nivel mundial es *GodKnows.tv.*

CAPÍTULO CUATRO

1. Eastman, Dick, *Dick Eastman on Prayer,* Global Christian Publishers.
2. Ibíd., 41. 2.

201

3. Ethelbert W. Bullinger, *A Critical Lexicon and Concordance to the English and Greek New Testament*, Zondervan.
4. Sheets, Dutch, *La oración intercesora*, Unilit,
5. Eastman, Dick, *Dick Eastman on Prayer*, 108-109.

CAPÍTULO CINCO

1. Wallis, Arthur, *El ayuno escogido por Dios*, Caribe Betania.
2. The Holy Club, *http://en.wikipedia.org/wiki/Holy-Club*
3. Rodgers, Bob, *101 Reasons to Fast*, Bob Rodgers Ministries.
4. Wallis, Arthur, *El ayuno escogido por Dios*, Caribe Betania.
5. Rodgers, Bob, *The Hundred-Fold Blessing*, Bob Rodgers Ministries.
6. Prince, Derek, *Moldeando la historia a través del ayuno y la oración*, Libros Desafío.
7. Rodgers, *101 Reasons to Fast*, 9.

CAPÍTULO SEIS

1. Copeland, Germaine, *Oraciones con poder*, Unilit.
2. Escrito y compilado usando la Proclamación de Abraham Lincoln de 1863, llamando a un Día Nacional de Ayuno y Oración.
3. Bounds, E. M., *Bounds on Prayer*, Whitaker House.

CAPÍTULO SIETE

1. Jacobs, Cindy, *Conquistemos las puertas del enemigo*, Caribe Betania.
2. Tommy Walker, *Songs from Heaven with Phil Kassel*, Regal Books.
3. Chuck Pierce y John Dickson, *The Worship Warrior*, Regal Books.
4. Eastman, Dick, *Heights of Delight*, Regal Books.

CAPÍTULO OCHO

1. Tomado de la sección "Word Wealth" de la *Spirit-Filled Life Bible*.
2. Eastman, Dick, *Pathways of Delight*, Regal Books.
3. Sherrer, Quin, *Prayers from a Grandma's Heart*, the Gift Group of Zondervan.
4. Rowell, Edward, *Frescas ilustraciones para predicar y enseñar*, Peniel.
5. Sacks, Cheryl y Lawrence, Arlyn, *Prayer-Saturated Kids*, NavPress.

CAPÍTULO NUEVE

1. Johnson, Bill, *www.bethel.org*, "Tijuana Revolution" (March 2005).
2. Sheets, Dutch, *Authority in Prayer*, Bethany House, .

3. Jacobs, Cindy, *Libéranos del mal,* Casa Creación, .
4. Ibíd.
5. Parafraseado de Gary Kinnaman, *Overcoming the Dominion of Darkness,* Chosen Books, 1990, 54, 56-58.
6. Editor general, Jack Hayford, *Spirit-Filled Life Bible,* Thomas Nelson.
7. Sheets, Dutch, *Authority in Prayer,* Bethany House.
8. Eastman, Dick, *The Purple Pig and Other Miracles,* Whitaker House.

CAPÍTULO DIEZ

1. Jacobs, Cindy, *El manifiesto de la reforma,* Bethany House. (Cita tomada del libro de Darrow Miller, *Discipling Nations,* 139.)
2. Sheets, Dutch, *Authority in Prayer,* Bethany House.
3. Sacks, Cheryl y Lawrence, Arlyn, *Prayer-Saturated Kids,* NavPress.
4. Jacobs, *El manifiesto de la reforma,* 114.
5. Tresnt Sheppard, *God on Campus,* InterVarsity Press, 2009.
6. *Nota:* Para abundar sobre este tema, sugiero que lea el libro de Jim Nelson, 70, 72, 74, 78. Black's *Freefall of the American University,* que incluye ejemplos sorprendentes de este tipo de cambio Orwelliano que está teniendo lugar en nuestras universidades. También ofrece impactante información acerca de universidades que en su origen fueron piadosas, tales como Harvard.
7. Para aquellos que no están familiarizados con este pasatiempo de los niños norteamericanos, eso se hace humedeciendo la envoltura de papel de una pajilla para tomar y luego se dispara a alguien soplando la pajilla, o simplemente humedeciendo un montoncito de papel y soplarlo con la pajilla.
8. Puede suscribirse para recibir alertas de oración de la Red de Reforma de los Estados Unidos en nuestro sitio web: www.generals.org.

✑ Acerca de la autora ✑

*C*INDY JACOBS es una de las líderes más conocidas en el movimiento de oración moderno, que enfatiza la intercesión, el arrepentimiento y la renovación a nivel mundial. Ella y su esposo Mike son los fundadores de los Generales Internacionales, quienes trabajan para lograr una transformación social a través de la intercesión y del ministerio profético. Cindy ha escrito muchos libros muy vendidos, que incluyen: *Conquistemos las puertas del enemigo*, *Líbranos del mal*, *El manifiesto de la reforma*, *El podes de la oración persistente* y *La vida sobrenatural*. Su programa de televisión, *God Knows*, se puede ver en los Estados Unidos en el canal *God Channel*, así como en todo el mundo. Ella viaja e imparte conferencias internacionales a cientos de miles de personas cada año en iglesias y centros de conferencias. Cindy y Mike tienen dos hijos adultos y cuatro nietos. Residen en Dallas, Texas.

CINDY JACOBS

PRÓLOGO POR C. PETER WAGNER

CINDY JACOBS

El
MANIFIESTO DE
LA REFORMA

*Su función en el plan
divino para transformar
las naciones hoy día*

INCLUYE UNA GUÍA PARA EL ESTUDIO INDIVIDUAL O GRUPAL

EL PODER DE LA ORACIÓN PERSISTENTE

Cómo orar con mayor
propósito y pasión

CINDY JACOBS
Autora de El manifiesto de la reforma

CINDY JACOBS
AUTORA DEL ÉXITO DE LIBRERÍA LÍBRANOS DEL MAL

*Experimente el poder de Dios
en su vida diaria*

LA VIDA SOBRE-NATURAL

LÍBRANOS DEL MAL

CÓMO DETENER LAS INFLUENCIAS MALIGNAS
QUE INVADEN SU HOGAR Y COMUNIDAD

CINDY JACOBS
Autora de El poder de la oración persistente

CASA CREACIÓN

Para vivir la Palabra

 /casacreacion
www.casacreacion.com

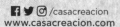

PRESENTAN:

Para vivir la Palabra

Te invitamos a que visites nuestra página web donde podrás apreciar la pasión por la publicación de libros y Biblias:

www.casacreacion.com

 @CASACREACION

@CASACREACION

@CASACREACION

Para vivir la Palabra